**Katharina Durrani**

# Claras Traum

**Kurzgeschichten und Gedichte**

medimont

Bibliografische Information der Deutschen Nationalbibliothek:
Die Deutsche Nationalbibliothek verzeichnet diese Publikation in der Deutschen Nationalbibliografie; detaillierte bibliografische Daten sind im Internet über https://dnb.d-nb.de abrufbar.

Printed matter
5041-0856

Originalausgabe, 1. Auflage

Tel. +49-8205-5010510, gpsr@medimont.eu
Lektorat und Redaktion: Wolfgang K. Ernst
Umschlaggestaltung: Amalie von Spreti, München
Umschlagabbildung und sämtliche Zeichnungen: Anna-Bernadette Durrani
Gesetzt in Adobe InDesign im Verlag
Druck und Bindung: ScandinavianBook, Neustadt a. d. Aisch

Printed in the EU



ISBN: 978-3-933011-75-6
Auch als eBook erhältlich.

Sie finden uns im Internet unter:
www.medimont.de

Bestell-Nr.: 6903

Für meine Mutter Bärbel

in liebevoller Erinnerung

# Inhaltsverzeichnis

## Kitsch und bunt

Wie Schmetterlinge über Wiesen schaukeln,
munter rauf und runter gaukeln,
wie Blumen sich im Winde wiegen,
wie Hasen im Sonnenschein daliegen,
schön kitschig ist die Natur und bunt,
das hat alles seinen Grund.
Manchmal ist das Leben grau,
fast schwarz, schattiert und tiefenblau.
Die Seele braucht nun viele Farben,
damit sie heilen kann die Narben.
Auch Musik kann Freude sein,
ist so etwas wie Sonnenschein.
Alles ist dann Kitsch und bunt,
auch Geschichten von der Liebe und
von der Fröhlichkeit im Herzen,
weit weg von den Seelenschmerzen!

## Algoma und der Drache

Niemand konnte ihr helfen. Sie lief um ihr Leben. Das wilde Tier hatte längst ihre Fährte aufgenommen. Hektisch sah sie sich auf der sonnendurchfluteten Lichtung um. Mieden diese Wesen nicht das Sonnenlicht? Ein tiefes Schnarren aus der Ferne veranlasste die junge Frau weiterzuhetzen.

Sie stolperte auf die Lichtung und sah sich um. Stille, nur das Rauschen der Blätter des dichten Laubwaldes.

Ihr gesamtes Dorf war zerstört worden, nichts war übrig. Es waren die Drachen gewesen, die dunklen Gesellen der Nacht. Mit ihrem Feuer hatten sie die Hütten niedergebrannt. Algoma hatte sich aufgemacht, Hilfe zu holen, aber eines der Untiere war hinter ihr her. Es kam der Erzählung nach direkt aus der Hölle.

Algoma kletterte unter einen dicken Ast eines umgestürzten Baums. Sie kauerte sich darunter und ließ ihren Blick über die Lichtung schweifen. Nichts. Sie atmete tief durch.

Algoma war die Tochter des Stammesältesten eines kleinen Küstenvolkes.

Als die Drachen letzte Nacht angriffen, brach pures Chaos aus. Die meisten Einwohner konnten in die nahen Wälder fliehen, genau wie sie. Nur mit dem Unterschied, dass sie alleine und ohne Waffen war. Sie hatte ihre Leute aus den Augen verloren. Und jetzt war sie auf sich allein gestellt.

Algoma schaute sorgenvoll auf die untergehende Sonne. Wenn die Finsternis hereinbrach, würde sie nicht überleben. Nicht alleine. Selbst für Kobolde stellte sie momentan eine leichte Beute dar. Sie verschleppten gerne Frauen und ...

Algoma verwarf ihre Gedanken. Unvermittelt schob sich ein dunkler Schatten vor die Sonne. Ein Drache? Um diese Zeit? Jetzt hatte ihr letztes Stündlein geschlagen. Panisch sah sie sich um. Der schützende Wald war zu weit entfernt. In ihrem Versteck bleiben? Drachen hatten ausgezeichnete Nasen. Sie konnten das Leben riechen. Und tot war sie ja nicht, noch nicht. Algoma konnte den Flügelschlag des Tieres hören. Es kreiste wie ein Aasgeier über den Baumwipfeln an die zweihundert Meter vor ihr.

Plötzlich ertönte ein lautes schnarrendes Brüllen, das die gesamte Lichtung erschütterte. Ein Monster schälte sich aus dem Wald, stand im Schatten der Baumriesen auf der Lichtung direkt vor Algoma.

Es hatte acht Beine, einen langen schmalen Insektenkörper, Fühler und gefährliche Beißwerkzeuge. Angeblich konnte es selbst einem Riesenpuma den Kopf mit Leichtigkeit abbeißen. Was würde es mit ihr machen? Viele ihrer Ahnen waren bereits Opfer dieser Untiere geworden. Man hatte nichts mehr von ihnen gefunden außer Knochen. Algoma erschauderte. Würden sich diese beiden Ungeheuer streiten, wer den Leckerbissen bekommen würde? Die junge Frau presste die Lippen zusammen und versuchte still zu bleiben. Wäre sie in der Nähe von Wasser, hätte sie eine winzige Chance zu überleben. Ungeheuer scheuten das Lebenselixier.

Algoma traute ihren Augen nicht. Was geschah hier? Der Drache stieß eine Feuerwalze hinunter auf das Insektentier. So etwas hatte sie noch nie gesehen, auch war ihr von den Ahnen nichts dergleichen überliefert worden. Ein Höllentier bekämpfte ein anderes? Wieso? Drachen fraßen mit Vorliebe Säugetiere, manchmal auch Menschen, aber niemals Insekten mit Panzern.

Algoma hielt sich die Ohren zu, kroch tiefer unter den Ast. Das insektengleiche Tier gab abscheuliche kratzende Geräusche von sich, bäumte sich auf, versuchte, mit seinen Fangwerkzeugen den Drachen zu fassen. Dieser jedoch wich geschickt aus. Immer wieder spie er Feuer aus seinem riesigen zahnbewehrten Maul. Seine smaragdgrüne Haut schillerte im Licht der untergehenden Sonne.

»Wach auf!«, drang eine weibliche Stimme in Algomas Bewusstsein. »Wir haben viel zu tun. Die anderen warten schon.«

Algoma setzte sich schlaftrunken auf. Sie befand sich in der Hütte ihrer Eltern. Ihre Mutter sah sie verärgert an. »Die Ernte kann nicht warten! Du weißt, dass wir dabei zusammenhelfen müssen, wenn wir es vor dem schlechten Wetter schaffen wollen.«

»Ich weiß«, stammelte Algoma und schwang die Beine vom Lager. »Ich hatte einen schlechten Traum von den Höllentieren, Mama.«

»Ich werde deiner Großmutter sagen, dass sie dir nicht mehr diese Geschichten erzählen soll. Von wegen Drachen.« Die Frau schüttelte ärgerlich den Kopf.

»Weißt du, Mama, sie haben unser Dorf verwüstet und am Ende meines Traumes wollte mich einer fressen. Er konnte sprechen.«

»So ein Unsinn«, lästerte ihre Mutter. »Es gibt keine Drachen, keine Riesenkatzen, keine Waldmonster, keine Höllentiere.«

»Ja, ich weiß«, seufzte Algoma, nahm sich ein Stück einer aufgeschnittenen Mango und biss ab.

Als in der folgenden Nacht ein schwerer Feuersturm über das Dorf hereinbrach, war sich Algoma nicht mehr sicher, ob es nicht doch Drachen gab ...

## Claras Traum

Die Burgruine reckt sich gen Himmel. Die scharfen Zinnen der Wehrmauer heben sich dunkel vom orangegelben Firmament ab. Ein weiß schillerndes Pferd mit Reiterin hetzt den schmalen Weg entlang der Wehrmauer auf das mächtige Burgtor zu. Verschlossen! Sie benötigt Einlass! Das Grauen ist hinter ihr! Das Mädchen wendet geschickt ihr Ross. Im wilden Galopp steuert es auf den dunklen Tannenwald zu. Die Sonne ist im Untergehen, vor den Nächten muss man sich hüten. Das weiß Clara seit Kindertagen.

»Ruhig, Amadeus«, keucht Clara, als sie vor einer gedrungenen, moosbewachsenen Holzhütte haltmachen. Clara atmet durch und lässt sich von ihrem Pferd gleiten.

»Erkläre es ihnen«, schnaubt das Tier und gibt ihr zum Abschied einen Stupser mit seiner sanften weichen Schnauze.

»Das nächste Mal schaffen wir es«, meint das Mädchen noch und öffnet die knarrende, morsche Holztür. »Wir müssen es schaffen«, sagt sie, wie zu sich selbst.

»Guten Tag, Clara!« Eine steinalte Frau mit verrunzeltem Gesicht, gestützt auf einen Gehstock, humpelt auf das Mädchen zu. »Bist du in die Burg gekommen? Hast du dem großen Magier unser Anliegen vorgetragen?«

Clara schüttelt unglücklich den Kopf.

»Oh«, flüstert die Alte und schaut zu Boden.

»Was?«, ertönt eine tiefe Stimme aus dem Inneren der Hütte. »Du hast ihn nicht getroffen? Wieso?«

Clara beißt sich nervös auf die Lippen. »Ich war zu spät. Das Tor war bereits geschlossen.«

»Wo hast du wieder herumgetrödelt?« Eine massige Gestalt kriecht auf Clara zu, die einen Schritt zurückweicht. Die Riesenechse züngelt, ihre Augen blicken sie von der Seite an. Ihr gezackter schuppiger Kopf neigt sich etwas. »Du weißt, es ist unsere einzige Chance.« Die Echse senkt ihren mächtigen Kopf, ihr Blick scheint traurig.

»Morgen werde ich es hinkriegen, Jakob!«, schnieft Clara verzweifelt. »Ich weiß, dass ich es kann. Die Meerjungfrauen haben ...«

»Papperlapapp! Dieses Meeresvolk besteht nur aus selbstgefälligen Wesen. Sie haben vieles verbrochen im Laufe der Jahrhunderte.« Jakob klingt bitter.

»Ausnahmen bestätigen die Regel«, flüstert eine piepsige Stimme unter einem Fauteuil hervor. Eine kleine Gestalt kommt zum Vorschein.

»Däumelinchen! Was weißt du schon?«, grunzt die Echse Jakob.

»Morgen«, meint die Alte zuversichtlich.

»Ja, sie schafft das!«, zischt das Menschlein. Seine winzigen Augen strahlen, sein Näschen leuchtet genauso wie die roten, zu zwei dünnen Zöpfen geflochtenen Haare.

»Du weißt, dass wir keine Zeit haben, Clara. Unsere Lebenskräfte schwinden.« Die Riesenechse blickt in die Runde. »Die Burg erscheint nur alle fünf Jahre auf diesem Hügel und ist nur wenige Tage dort, bis sie wieder verschwindet.«

Clara fühlt sich verzweifelt und schwach. Ja, die Meerjungfrauen haben ihr Erfolg zugesichert, aber zugleich waren sie daran Schuld gewesen, dass sie sich verspätet hatte. Das Burgtor geschlossen, der Magier nicht erreichbar. Nur noch wenige Tage Zeit ...

»Wie, sie war nicht beim Meister?« Eine struppige Tigerkatze springt leichtfüßig auf den Tisch, der mitten im gedrungenen Raum steht. Rund um ihn sind Sessel angeordnet, die jedoch keiner benützt.

»Nein, war sie nicht«, piepst Däumelinchen hinter dem Sofa hervor. Es wagt sich nicht in die Weite des Raumes, zu groß ist die Gefahr, von einem seiner Mitbewohner erdrückt zu werden.

»Aber dann ist alles vorbei!«, seufzt die Katze und leckt sich die Pfote. »Wir schaffen es nicht mehr. Der Zauberer ist unsere einzige Hoffnung – und Clara.« Sie wendet ihre Katzenaugen dem Mädchen zu und raunzt kläglich: »Wer sonst könnte uns erretten?«

Ja, das wusste Clara. Eine reine Seele ... War sie wirklich dazu bestimmt?

Gemurmel und das Rascheln von Gewand.

»Was ist hier los?« Eine weiße Gestalt schwebt ins Zimmer. »Lasst mir meine Clara in Ruhe. Sie tut ihr Bestes.«

»Auch wenn du ihre Ururgroßmutter bist, brauchst du dich nicht so aufzuspielen!«, ruft die Katze verärgert. »Sie hat es vermasselt. Jetzt sind wir alle dem Untergang geweiht. Die Finsternis wird hier eindringen und uns alle verschlingen, wenn wir unsere menschliche Gestalt nicht mehr bekommen.«

»Sei ruhig, Fräulein Margaretha. Ihr werdet errettet werden.« Die schöne, helle Gestalt schaut mit einem feinen Lächeln in die Runde. Ihre strohblonden Haare trägt sie geflochten, ihr weites weißes Kleid umspielt ihre schlanke Gestalt.

»Du hast gut reden, Mylady«, grunzt Jakob und legt den Kopf schief. »Ihr seid bereits seit Generationen tot. Was wollt ihr den Lebenden sagen?«

»Es wird sich alles zum Guten wenden.«

»Ja, weil die Meerjungfrauen ....«, beginnt die Echse wütend.

»Nein, weil ich es weiß und gehört habe. Das Schicksal wird sich erfüllen.«

Die Echse schüttelt ihren voluminösen Kopf und wendet sich ab.

»Du bist dazu berufen, mein Kind«, meint die weißgekleidete Frau und nimmt Clara in die Arme. Das Mädchen spürt ihre Wärme, aber nicht körperlich. Ihre Ururgroßmutter ist ein Geist. Einer von jenen Ahnen, die ihren Nachkommen zur Seite stehen. Clara sieht ihr in die Augen und erwidert ihr Lächeln.

Das Mädchen verbringt den folgenden Tag gedankenverloren. Sie spricht kaum, ist in sich gekehrt und hockt vor der Hütte. Selbst Amadeus, ihr treues Pferd, kann sie nicht aufheitern. Unglücklich seufzt sie immerzu.

Plötzlich landet ein kleiner Spatz vor Claras Füßen und schnattert los, während er wie ein Rumpelstilzchen hüpft. »Piep, du musst los! Sofort! Der Magier erwartet dich! Du hast drei Prüfungen zu bestehen. Los!« Der Vogel springt auf Claras Schoß und zwitschert unaufhörlich. »Wenn es dunkel wird, ist es zu spät für alle Zeit.«

Clara schaut argwöhnisch auf das Federvieh. »Wie meinst du das? Zu spät für alle Zeit?«

»Deine letzte Möglichkeit.« Mit diesen Worten fliegt der Vogel auf und davon.

Clara sieht ihm verunsichert nach. Ihr Pferd schnaubt und scharrt mit den Hufen. »Lass uns keine Zeit verlieren.«

»Was, du glaubst diesem Tier?«

»Es gehört zu den Höflingen des großen Magiers. Ja, natürlich. Komm schon.«

Clara rappelt sich unsicher auf. »Komm!«, wiehert das Pferd. Behände steigt das Mädchen auf das mächtige Tier.

Der Wald wandelt sich, während sie ihn im wilden Galopp durchqueren. Die Bäume werden dürrer und knorriger, scheinen ihre Gestalt zu verändern. Clara erkennt im Augenwinkel eine Bewegung. Etwas Schwarzes.

»Amadeus«, haucht sie dem Ross ins Ohr. »Da war ...« Clara

wird plötzlich eiskalt. »Amadeus, spürst du das auch?«, bibbert das Mädchen. Doch ihr Pferd rast weiter. »Das ist nicht der Weg zur Burg«, flüstert Clara ängstlich.

»Alles verändert sich. Du musst die Burg mit dem Herzen suchen«, raunt die Stimme ihrer Ururgroßmutter in Claras Ohren.

Mit dem Herzen? Gestern war der Weg viel kürzer, überlegt Clara. Die Landschaft ist winterlich, der Pfad eisig. Ihr Atem erscheint in kleinen Dampfwölkchen. Claras Finger, mit denen sie sich in der Mähne des weißen Hengstes festklammert, werden allmählich taub und schmerzen. Ihre Ohren frieren.

»Amadeus, der Weg ist falsch«, schreit sie und wendet das Ross mit letzter Kraft. Ein Schatten streift die beiden und Amadeus scheut. Clara rutscht von seinem Rücken und plumpst unsanft in den Schnee. Der Hengst wiehert angstvoll und galoppiert davon.

Mutterseelenalleine starrt das Mädchen dem Tier nach. Es schafft es nicht einmal, nach ihm zu rufen. Clara wird sich bewusst, dass sie versagt hat! Tiefe Traurigkeit und Verzweiflung umfangen sie. Sie fängt bitterlich an zu weinen. Die Tränen rollen über ihre Wangen und fallen zu Boden.

Überall, wo eine Träne den Schnee berührt hat, schmilzt er und Gras kommt zum Vorschein. Nicht nur das, das frische Grün wächst vor den Augen des Mädchens. Verwundert rappelt es sich auf und schaut auf die wuchernden Grasbüschel.

»Was?«, stammelt Clara und reibt sich die tränenden Augen.

»Endlich Futter!«, ruft eine erschöpfte Stimme. Ein Reh trabt auf Clara zu, berührt sie kurz mit der Schnauze und fängt genüsslich an zu fressen. »Hm, saftig und frisch«, schmatzt es. Clara starrt fassungslos auf das Tier, das sich den Magen vollschlägt.

»Wie kann ich dir helfen?«, fragt es anschließend und wendet seine sanften dunklen Augen dem Mädchen zu.

»Mir ist kalt«, schlottert Clara. »Ich muss eine Stunde vor Sonnenuntergang bei der Burg sein.«

»Welcher Burg? Ich kenne keine.« Das Reh schüttelt sich. »Komm näher, Mädchen. Ich wärme dich.«

Clara tritt zaghaft zu dem freundlichen Tier und schmiegt sich an sein Fell. Es duftet nach Holz und ist warm und weich.

»Also, ich höre«, schmatzt das Tier, während es genüsslich Grashalme zermalmt.

»Die Burg des großen Magiers.«

Das Reh spitzt die Ohren, blickt sich nervös um. »Erwähne nie wieder diesen Ort.«

»Aber …«, beginnt das Mädchen.

»Der Wald hört zu. Sie wollen dich daran hindern.«

»Wer?«

»Die bösen Waldgeister. Sie sind sehr mächtig.« Abermals schaut sich das Reh um. »Schwing dich auf meinen Rücken, wir müssen sofort von hier weg.«

Das Mädchen wartet nicht lange, sondern tut das, was ihm das Tier befohlen hat. Das Reh stöhnt leicht unter seiner Last, aber es läuft wacker über Stock und Stein, erklimmt schneebedeckte Hügel und bringt das Kind in eine Höhle.

»Ich muss zur Burg, Reh!«, ruft Clara verwirrt. »Was soll ich hier?«

»Das ist der Weg. Achte auf den Boden und die Wände. Übrigens, ich heiße Miranda.«

»Danke, Miranda«, murmelt Clara halbherzig. Es ist finster und still. Soll sie tiefer in die Grotte gehen? Nach einigen langen Minuten nimmt Clara allen Mut zusammen und tastet sich vorwärts. Doch rund um sie herrscht pechschwarze Finsternis. Sie benötigt ein Licht, sonst kann sie nicht weiter.

»Au!«, kreischt sie, als sie über einen Steinbrocken stolpert.

»Wer stört meine Ruhe?«, fragt eine tiefe Stimme, sodass die Erde unter Claras Füssen bebt. »Eindringling!«, setzt sie fort. Clara erstarrt. Sie wagt es nicht zu atmen. Entsetzt lauscht sie in die Finsternis.

Ein Lichtschein hinter einem Felsen lässt die Höhle mit einem Mal bizarr aussehen. Ein riesiger, langgezogener Schatten kriecht näher. Ein Maul mit spitzen Zähnen, oder doch nicht? Clara starrt auf den monströsen Schatten zu ihren Füßen. Sie traut sich nicht, das Wesen anzusehen, von dem er ausgeht, obwohl es direkt vor ihr stehen muss. Wieso war der Schatten kleiner geworden und hatte so etwas wie einen buschigen Schwanz bekommen? Oder doch nicht?

Clara reibt sich die Augen.

»Wer bist du?«, möchte die tiefe Stimme wissen.

»Clara«, haucht das Mädchen.

»Wieso bist du hier?«

Clara schweigt. Sie wagt es nicht, den wahren Grund zu nennen. Miranda hat sie davor gewarnt.

»Sieh mich an, wenn ich mit dir rede! Alles andere ist unhöflich!«

Clara kostet es viel an Überwindung, den Kopf zu heben und das Wesen anzusehen.

»Aber du bist ein Fuchs«, stammelt sie überrascht.

»Wen hast denn du erwartet?«, schnaubt dieser.

»Etwas Größeres.«

»So? Es kommt nicht auf die Körpergröße an, Mädchen.«

»Ja, eh nicht.«

»Wieso bist du hier? Was willst du von mir?« Der Fuchs schaut Clara argwöhnisch an. »Ich schätze keinen Besuch.«

»Das Reh Miranda ...«

»Miranda?« Der Fuchs hält inne. »Also bist du jenes Mädchen, von dem ich gehört habe.« Er verstummt, schleicht näher an Clara heran und schnüffelt. Danach setzt er fort: »Du willst zum großen Magier?«

Clara nickt eifrig.

»Komm, ich zeige dir den Weg.«

Clara folgt dem rotpelzigen Tier im Schein des Lichtes und ...

»Guten Morgen, Clara! Zeit zum Aufstehen!«

Das Mädchen blinzelt. Ihre Mutter steht vor ihrem Bett und lächelt sie an.

»Die Sonne scheint, meine Süße, es ist bereits fast zehn Uhr vormittags. Wie kann man nur so lange schlafen?«

»Ich habe geträumt, Mama«, flüstert Clara und rekelt sich zufrieden im Bett. Irgendwie ist sie froh, wieder in ihrem Zimmer bei ihrer Familie zu sein. Aber diesen Traum wird sie nie vergessen!

## Corona Gedicht

Lasst die Vöglein unser Leben erhellen,
die Hunde das Virus laut verbellen,
wann wird die Freude in unsere Herzen ziehen?
Wann die innere Kälte durch Liebe verglühen?

Wann werden wir uns die Hände reichen?
Die Distanz komplett aufweichen?
Voll Glück und auch voll Seligkeit,
ohne Masken, das ist noch weit.

Denn Abwarten ist die Tugend nun,
wir haben noch sehr viel zu tun,
Das Virus, es ist schon mutiert,
es vermehrt sich ungeniert.

Doch die Zeit wird sicher kommen,
wir haben bereits einen Berg erklommen,
das Leben wird kehren dann zurück,
und wir werden nicht fassen können unser Glück!

## Das innere Kind

Ich hab da etwas zu entdecken,
das innere Kinde aufzuwecken,
in der Tiefe kaum zu finden,
ich muss mich erst mal selbst ergründen.

Doch manchmal bricht es aus mir aus,
das kleine Mädchen geht dann raus,
fängt an, die Welt neu anzusehen,
und auf die Menschen zuzugehen.

Möchte gelobt, geliebt dann werden
Alle Gefühle und Beschwerden,
ruft allen zu, jetzt bin ich da,
seht mich an, es ist doch wahr!

Ich gebe jetzt dem Kinde Platz,
ist es doch ein großer Schatz,
mir zu zeigen, wie man lebt,
und in Liebe sich ergeht.

Lachen, Weinen, alles da,
ich fühle mich ganz sonderbar,
So lebendig und sehr leicht,
mein Kind hat mir die Hand gereicht.

## Das alte Haus

Eine Krähe. Ein Bote von Dunkelheit und Gefahr? Oder von Pech? Unsinn! Luzia schüttelt den Kopf. Ihr Rüde knurrt und der Vogel flattert auf. Die Sonne ist bereits untergegangen. Ein Frühlingstag neigt sich dem Ende zu. Ein kühler Wind fegt über die Felder. Luzia schreitet schneller voran. Sie hat sich zu viel Zeit gelassen. Ärgerlich, dass sie erst in der Dunkelheit ihr Haus erreichen wird. Handy hat sie keines mitgenommen. Sie findet es unnötig, wenn sie mit dem Hund spazieren geht.

Luzia verlässt den Feldweg und biegt in die Siedlung ein. Sie liebt diese Gegend, das Viertel ihrer Kindheit. Zwei Gassen weiter hat ihre Großmutter gewohnt. Ein kleines Häuschen, alte Obstbäume, ein duftender Fliederbusch. Der Kirschbaum mit den wunderbaren leicht säuerlichen Kirschen.

Luzia spaziert in Gedanken versunken an altbekannten Häusern vorbei. Eines mit geschnitztem Balkon und Dachreiter, danach ein Haus, das an ein englisches Landhaus erinnert. Versteckt hinter Blumen und Sträuchern. Oh, da ist ihr Lieblingsgarten, voll mit Vergissmeinnicht. Herrlich. Das Tageslicht schwindet schnell.

Ein kalter Wind streift Luzia, als sie ihren Weg fortsetzt. Seltsam. Sie folgt der schmalen einsamen Straße. Luzia hält inne, als ihr Hund plötzlich in eine andere Richtung zerrt.

»Was ist denn mit dir los?«, fragt die Frau verwundert. Ihr Blick fällt auf den zum Teil zerstörten Gartenzaun neben ihr. Das Tor ist angelehnt. Luzia starrt in den Garten. Schattenhaft strecken Sträucher und Bäume ihre Äste im Schein der Straßenlaterne in die Höhe. Ein paar zerbrochene Pflastersteine lassen einen ehemaligen Pfad zum Haus erahnen. Am Rand steht ein Müllbehälter der Stadt. Wurde wohl nie abgeholt. Luzia geht einige Schritte am Zaun entlang. Ein Schacht zur Hälfte mit morschen Holzbrettern abgedeckt. Drinnen Laub, Zweige.

Plötzlich schreit eine Krähe direkt hinter ihr. Luzia erschreckt sich fast zu Tode.

Wo ist denn Rumo, ihr Welsh Corgi-Rüde? Überrascht betrachtet Luzia das leere Halsband. Er ist einfach hindurchgeschlüpft und davongelaufen. Ja, das macht er hie und da, ist nicht so ungewöhnlich. Trotzdem kann Luzia das Zittern in ihrer Stimme nicht unterdrücken, als sie nach ihm ruft. Kein Hund, der auf sie zu trottet. Nichts. Stille.

Abermals das Krächzen der Krähe. Sie sitzt vor ihr auf einem desolaten Zaunpfahl und sieht sie mit ihren glänzenden Augen an. »Verschwinde!«, schreit Luzia. Doch das Tier bleibt sitzen, kaum eine Armlänge von ihr entfernt. Es bewegt den Kopf in Richtung des verwilderten Gartens.

Ein Lichtschein ergießt sich durch das Gestrüpp. Luzia entdeckt, dass er vom Haus her kommt. Seltsam. Da wohnt aber doch schon lange niemand mehr. Nachdenklich beißt sie sich auf die Lippen. Soll sie nachsehen gehen? Der Garten erscheint im warmen Licht gar nicht mehr so abweisend.

In diesem Augenblick beginnt es zu regnen, nicht nur das: ein Wolkenbruch. Wieso? Aus heiterem Himmel? Luzia ist binnen Sekunden nass bis auf die Haut. Dazu der eiskalte Wind. Die Krähe ist verschwunden.

Luzia steht noch immer vor dem Garten am verfallenen Zaun. Weit und breit keine Menschenseele, das nächste Haus einen Kilometer entfernt und ihr Heim noch weiter weg. Was tun? Dort im Haus ist jemand und sie könnte sich ein Taxi rufen. Oder? Sicher!

Luzia schiebt die Gartentür ein Stück zur Seite. Ein lautes Quietschen. Na fein, denkt sich die Frau, jetzt hat man sie bestimmt gehört. Luzia atmet durch, wischt sich den Regen vom Gesicht und folgt den Pflastersteinen. Sie kämpft sich durch das Gebüsch, umrundet eine alte, hohe Tanne und steht unmittelbar vor einem kleinen Einfamilienhaus. Es ist verfallen. Der Putz blättert ab, die Fenster sind zum Teil zersprungen, der Schuppen in sich zusammengefallen. Gerümpel soweit das Auge reicht. Wo ist die Eingangstür? Ach ja, dort vorne. Luzia schleicht um die Ecke und klopft an die steinalte Holztür.

»Hallo!«, ruft sie zaghaft. Keine Antwort. Die Tür gibt nach und Luzia schaut in den dunklen Vorraum. Ein paar Treppenstufen führen ins kleine Vorzimmer. Sie kann es im flackernden Lichtschein erkennen, denn das Zimmer oberhalb, vermutlich die Küche, ist hell erleuchtet. Luzia ruft ein lautes »Hallo!« Immer noch kein Mucks. Vorsichtig geht die Frau die Treppe hoch. Ein muffiger Geruch steigt ihr in die Nase. Feucht, schimmelig. Sie nähert sich dem offenen Zimmer. Langsam mit angehaltenem Atem.

Unvermittelt hüpft ihr vor ihren Füßen ein schwarzer Vogel entgegen. Die Krähe! Mit ihr kommt erneut eine eisige Kälte. Luzia fröstelt und schlingt die Arme um ihren Oberkörper. Sie lugt in das Zimmer, die Krähe noch immer vor ihren Füßen. Niemand da. Jedoch schimmern hunderte Kerzen verschiedenster Beschaffenheit und Größe. Sie erhellen den Raum in warmem Schein. Kein elektrisches Licht, aber das kann Luzia verstehen. Seit langem ist dieses Haus nicht mehr an das öffentliche Stromnetz angebunden.

Es steht ja leer, aber wieso die Kerzen? Wer hat sie entzündet? Und wieso?

Luzia steht inmitten der Kerzen und sieht sich um. Sie befindet sich in der Küche. Die altmodische Kredenz, ein in die Jahre gekommener weißer Gasherd, schmutzige Wände, eine Küchenbank, ein Holztisch und Sessel, in einer Ecke ein Ofen. Eine Tür führt in das nächste Zimmer. Vielleicht ist ja dort jemand. Vorsichtig bahnt sie sich einen Weg durch das Lichtermeer in Richtung der nächsten Zimmertür.

Sie hält inne. Wieso strahlen die Kerzen keine Wärme ab? Es ist ihr noch immer unnatürlich kalt. Ist sie krank? Nein, nur pitschnass, gibt sie sich die Antwort. Irgendetwas ist hier seltsam. Ihr scheint, als würde die Kälte zunehmen mit jedem Schritt, den sie macht.

Vorsichtig legt Luzia ihre Hand auf den Türdrücker und drückt ihn nach unten. Verschlossen. Luzia atmet aus. Die Krähe? Wo ist sie? Ach was, sie sollte wirklich nach Hause gehen und nicht in diesem Gemäuer herumspionieren. Sie wendet sich um und – schreien kann sie nicht, dafür ist der Schreck zu groß. Gänsehaut läuft ihr auf, die Haare stehen ihr scheinbar zu Berge.

Da, in der Tür ihr gegenüber steht eine steinalte Frau mit der Krähe auf der Schulter. Sie sieht im Kerzenschein gespenstisch aus. Ihre Hand ist auf einen Gehstock gestützt. Eine schwarze Katze reibt sich an ihren Beinen. Das Gesicht der Alten ist runzelig, ihre Nase zu groß, ihre Lippen zu schmal. Und die Augen, sie leuchten, wie die der Krähe.

»Ich habe auf dich gewartet«, sagt die alte Frau laut und deutlich, »Luzia.«

Die Kälte wird unerträglich. Was brabbelt dieses Weib? Woher kennt sie ihren Namen? Luzia ist verwirrt und unsagbare Panik steigt in ihr auf. Sie starrt abermals auf die alte Frau. Deren Gesicht verändert sich. Es wird jünger und schöner. Nein! Luzias verstorbene Freundin Mathilda? Sie ist damals vor Luzias Augen ertrunken. Sie waren erst fünfzehn Jahre alt. Oh mein Gott. Luzia kann es nicht glauben, als zahlreiche Erinnerungen ihr durch den Kopf huschen. Mathildas Großmutter hatte hier gewohnt. Sie ist nie über den Verlust ihrer Enkelin hinweg gekommen und bald nach Mathildas Tod verstorben. Eine brennende Kerze im Schlafzimmer. Die Kerzen! Luzia schluckt den Kloß im Hals hinunter. Die alte Frau hatte eine zahme Krähe. Luzia starrt auf den Vogel auf der Schulter des Mädchens. Abermals beginnt eine Metamorphose. Sekunden später steht Mathildas Großmutter vor ihr. Gezeichnet von Traurigkeit und Gram.

»Luzia«, sagt sie mit gebrochener Stimme. »Wieso hast du keine Hilfe geholt?«

»Ich ...«, stammelt Luzia leichenblass.

»Du hast Mathilda ertrinken lassen!« Die Krähe kreischt unerträglich.

Die alte Frau hebt die Hand und die Kerzen erlöschen ohne Vorwarnung. Finsternis. Irgendetwas streift Luzias Beine. Ein Maunzen. Ein Krächzen. Dazwischen unsagbares Wehklagen von der Alten. Sie scheint sich ihr zu nähern. Luzia weicht instinktiv zurück, Kerzen rollen über die morschen Dielenbretter. Es knarrt eine Tür. Luzia möchte schreien, aber ihre Kehle ist wie zugeschnürt. Sie ringt nach Luft, spürt die Mauer in ihrem Rücken. Es gibt scheinbar kein Entkommen. Das Fenster! Luzia sieht es im Augenwinkel. Es erscheint als helleres Viereck.

»Luzia«, säuselt plötzlich Mathildas Stimme aus dem Jenseits in ihrem Ohr. »Warum?«

»Ich hatte Angst, ich war wie gelähmt!«, schreit Luzia panisch durch das Zimmer.

»Nun, dann ist es so«, keucht Mathilda. Wassertropfen prasseln aus dem Nichts auf Luzia nieder. Vor ihr erscheint Mathilda in fahlem Schein. Sie ist sehr blass, aufgedunsen, mit leerem Blick. Sie schwebt durch das Zimmer, hinterlässt eine Spur von Wasser.

Nein! Jetzt oder nie! Luzia mobilisiert ihre Kräfte, springt nach vorne, bereit, jedes Hindernis aus dem Weg zu räumen. Zum Fenster! Irgendetwas packt sie an der Schulter. Luzia schüttelt es ab. Das Glas zersplittert als sie hindurchhechtet. Röchelnd landet die Frau im Moos. Blut schießt aus ihrem Hals. Instinktiv presst sie ihre Hand darauf, aber sie weiß, dass sie sterben wird. Sie hat sich bei einer Glasscherbe bei ihrem Sprung aus dem Fenster aufgeschlitzt. Irgendwo schreit die Krähe. Es ist eine sternklare Nacht, keine Spur von einer Wolke. Eine Katze huscht durch den Garten. Noch einmal hört Luzia ihren Namen, dann wird es still und dunkel.

Das Feuer wird zu spät entdeckt. Das verfallene Haus brennt bis auf die Grundmauern nieder. Unzählige brennende Kerzen in der Küche haben laut Aussage der Feuerwehr den Brand verursacht. Es wird vermutet, dass ein Obdachloser in dem verfallenen Haus gewohnt hat, jedoch vor dem Brand geflüchtet ist.

Luzias Leiche wird Tage später von einem Hund im

Schacht vor dem Garten entdeckt. Man nimmt an, dass die Frau in der Finsternis gestolpert und sich beim Sturz eine tiefe Schnittwunde am Hals zugezogen hat. Ein tragischer Unfall.

Auf dem Zaunpfahl vor dem niedergebrannten Haus sitzt noch tagelang eine Krähe. Irgendwann fliegt sie mit lautem Krächzen auf, steigt höher und höher. Lässt sich vom Wind tragen. Er ist kalt, zu kalt für diese Jahreszeit.

## Das Paket

Freudig wartet meine Clara,
sie ist zwölf, fast dreizehn nun,
auf ein Päckchen von Ariana,
dem Idol mit sehr viel Ruhm.

Jeden Tag die gleiche Frage,
ob's schon angekommen ist,
doch die Post, nicht in der Lage,
es zu schicken in der Frist.

Im September ist die Grande
im Konzerte dann zu sehen
meine Clara, welche Schande,
hat kein Shirt, um hinzugehen.

Das Paket, es bleibt verschwunden,
taucht nicht auf, ist leider weg,
ich erkläre unumwunden,
es erfüllte nicht den Zweck.

## Das Wunder des Lebens

Es ist so wundervoll zu leben,
das Glücke vollends anzustreben,
sich leiten lassen von der Macht,
die sich so Vieles ausgedacht.

Ich kann nur dankend mich ergehen,
in den Himmel aufzusehen,
die Sterne sind der Nächte Pracht,
sie leuchten heute tausendfach.

Still zu werden und ganz klein,
wieder mal ein Kind zu sein,
die Dinge staunend zu betrachten,
das Wunder des Lebens zu erachten.

## Der Corgi Rumo

Der Corgi ist ein mutig Tier,
voll Eifer und voll Stolz,
Beim Fressen ist er voller Gier,
er ist aus gutem Holz.

Sein Fell ist fuchsrot oder bunt,
er hat sehr große Ohren,
er ist ein wirklich schöner Hund,
d'rum hab ich ihn erkoren.

Mein Corgi ist ein bisschen alt,
doch immer voll Elan,
es ist ihm niemals draußen kalt,
er hört selten auf zu haaren.

Die Pfoten groß, der Körper lang,
so soll es sein, seit langem,
mit Rumo wird mir niemals bang,
er spielt auch manchmal Fangen.

Ich liebe meinen starken Hund,
er ist mein Freund auf Pfoten,
mit seinem Bellen treibt er's bunt,
Er keift an den Postboten.

## Das Mädchen und die Meerjungfrau

Es war einmal ein Mädchen,
schüchtern und ganz klein,
es hatte keine Freunde
und alle war'n gemein.

Da ging es an den See,
es schaute tief hinein,
dann kam eine Nixe
und fragte: »Willst nicht heim?«

Das Mädchen, ganz trübselig,
schüttelte den Kopf:
»Ich lass mich doch nicht ewig
reißen an mein' Zopf!«

»Jetzt kannst du mich begleiten«,
sprach die Meerjungfrau,
ich zeige dir die Weiten
des Sees auch ganz genau.

Das Mädchen dachte bei sich:
»Das seh ich mir jetzt an,
was soll ich noch versäumen,
wer vermisst mich denn sodann?«

Es ward ein schöner Ausflug
in den unbekannten See,
doch gab es auch dort unten
Streit und Wut und Weh.

Selbst unter Meerjungfrauen
Kam es zu Reiberei'n
da gab es was zu schauen,
die waren auch gemein.

Doch eines war ganz anders:
nach jeder kleinen Wut,
kam es zur Versöhnung,
dann war es wieder gut.

Da dachte sich das Mädchen:
»Das wäre doch ganz fein,
Versöhnung zu probieren.«
Und wollte wieder heim.

Die Meerjungfrau, die nette,
brachte es nach Haus.
»Du gehst jetzt schnell zu Bette
und lässt das Grübeln aus!«

»Zunächst musst du dich lieben
und dich annehmen nun,

dann wirst du all‘ hinkriegen,
wie‘s wir Meerjungfrauen tun.«

Das Mädchen wurde fröhlich
und immer mehr beliebt,
es wusste ja von nun an,
dass es »meerjungfräuliche Versöhnung« gibt.

## Das Mädchen mit den Flügeln

Sie strich ihre seidenweichen Flügel glatt und sah sich um. Sie war in diesem Wäldchen – endlich alleine. Leise plätscherte das Wasser vom nahen Bächlein her. Das Mädchen erhob sich rasch und folgte dem Geräusch des Baches.

Man hatte sie verstoßen, weil sie sich nicht in die Gemeinschaft einfügen wollte. Sie war anders. Nicht weil sie Flügel hatte. Die Fähigkeit fliegen zu können, hatten alle Menschen ihres Volkes. Nein, weil sie keine Angst hatte und die anderen Kinder immerzu zu waghalsigen Aktionen ermutigte. Ausflüge ins Dunkelland, wo die Drachen herrschten, zum Beispiel. Oder Höhenflüge von den steilen Bergen aus, um sich vom Wind tragen zu lassen.

Aber das Schlimmste, was Amelie begangen hatte, war, dass sie sterbliche Menschenkinder zu den Vogelmenschen gelockt hatte. Oh, was hatten die Kleinen für Augen gemacht, als sie dieses Volk mit ihren mächtigen, wunderschönen, schillernden Flügeln gesehen hatten. Sofort wurden Sicherheitsmaßnahmen ergriffen, die Kinder der flügellosen Sterblichen zurück zur großen Stadt gebracht und mit einem Vergissmichtrank die letzten Stunden gelöscht.

Die Folge von Amelies Handeln war, dass die Weisen des

Volkes sich letztendlich dazu entschieden, das Mädchen zu verstoßen. Sie musste die Gemeinschaft unwiderruflich verlassen, ohne eine Chance auf Rückkehr! Sie war doch erst zwölf Jahre alt und von ihrer Familie getrennt! Für immer!

Amelie ließ sich am Bachlauf nieder, hielt die Füße ins kalte Wasser. Was sollte sie nun machen? Zu den flügellosen Menschen auswandern? Amelie fröstelte. Sie hatte bereits unzählige Geschichten von diesem Fußvolk gehört. Nicht nur Gutes. An sich kaum etwas Positives. Nun, die Kinder der Flügellosen waren nett, neugierig und aufgeschlossen, aber bei den Erwachsenen war das ganz anders. Alles verursachte bei ihnen Angst und Schrecken oder Habgier. Sie hatten Waffen, grausame Geräte, die töten konnten. Andererseits galt das nicht für alle, hatte sie einmal gehört. Es gab auch friedfertige Menschen unter ihnen. Gute und freundliche.

Amelie ließ ihren Blick durch die Baumkronen schweifen. Ein schöner warmer Tag, blauer Himmel mit weißen Schäfchenwolken. Das Mädchen atmete durch, als sie ihre Entscheidung getroffen hatte. Sie würde zu den Fußmenschen fliegen und bei ihnen wohnen. Ein sicheres Zuhause. Es konnten doch nicht all diese Geschichten über ihre Gräueltaten wahr sein, oder? Die Alten wollten doch nur nicht, dass die Vogelmenschen mit den Fußmenschen Freundschaft schlössen. Genau. Amelie biss sich auf die Lippen, als sie zur Lichtung schritt, von der aus sie sich in die Lüfte schwingen wollte. Sie hielt inne, sah sich plötzlich furchtsam um.

Diese Sache mit dem Naturkundemuseum in der großen Stadt. Ausgestopfte Tiere und ... Amelie lief ein Schauder über den Rücken. Angeblich war schon einmal ein Vogelmensch zur großen Stadt geflogen und wollte Freundschaft mit den Fußmenschen schließen, aber er wurde gefangen genommen, grausam gefoltert und nun stand er ausgestopft im Museum. Konnte das stimmen?

Aber ihre Freunde, die Fußmenschenkinder Jenny und Jakob, sie würden ihr doch helfen, oder? Nein, der Vergissmichtrank. Amelie fing zu laufen an. Schnell huschte sie zwischen den Bäumen hindurch, auf die Lichtung zu. Eine Verkleidung! Ja, das war die Lösung. Sie konnte ihre Flügel falten und in ein hübsches Kleid hineinschlüpfen. Niemand würde bemerken, dass sie dem Volk der Vogelmenschen angehörte.

Oder sollte sie besser zu den Waldbodenmenschen auswandern? Sie wohnten bei den Drachen im Dunkelland. Unter der Erde. In ewiger Finsternis. Amelie schüttelte entschieden den Kopf. Sie breitete ihre Flügel aus und schwang sich in die Lüfte. Oh, das war ein gutes Gefühl. Hm, sie hatte auf die Wassermenschen im See vergessen, aber dort konnte sie nicht hin. Nein, sie war dem Leben unter Wasser nicht angepasst. Also zu den gewöhnlichen Fußmenschen!

Es dämmerte bereits, der Tag ging langsam zu Ende, als Amelie die Skyline der Stadt im Sonnenuntergang erblickte. Mit jedem weiteren Flügelschlag, mit dem sie sich der Stadt näherte, wuchs die Sehnsucht, zu ihrer Familie zurückkehren zu dürfen. Ihr Mut sank, ihre Zuversicht verschwand und die dunkle, finstere Angst begann sich in ihrer Seele festzukrallen. Amelie ließ sich auf einem kleinen Feld im Schutz einer Hecke nieder. Sie war noch Kilometer von der Stadt entfernt, aber sie wollte nicht weiter. Bittere Tränen liefen über ihre Wangen.

»Mama, Papa«, heulte sie. »Es tut mir so leid! Ich werde keinen Unsinn mehr anstellen.« Sie bemerkte nicht, dass sie nicht mehr alleine war. Die Vögel des Himmels hatten sich um sie herum versammelt und sahen sie neugierig und mitleidig an. Spatzen, Meisen, Feldlerchen, sogar Bussarde, Krähen und Tauben waren angeflogen gekommen. Ein Schwarm Stare mit glänzendem Gefieder flog eine Runde über die Hecke und rief laut.

»Warum bist du so traurig?«, gurrte eine weiße, wunderschöne Taube.

»Ich wurde von meinem Volk verstoßen«, begann Amelie mit gebrochener Stimme.

»So?«, fragte ein Habicht. Er saß auf einem Zweig über ihr und sah mit seinen Raubvogelaugen auf sie hinunter.

»Das ist ja furchtbar!«, zwitscherte ein Rotschwanz.

»Du willst doch nicht etwa in diese Menschenstadt gehen?«, fragte eine Krähe und drängte sich vor.

»Doch, wollte ich«, schluchzte Amelie.

»Aber du gehörst doch den Vogelmenschen an«, meldete sich eine Kohlmeise verwundert zu Wort.

»Die Fußmenschen verstehen uns nicht«, erklärte ein Kranich.

»Doch, sie füttern uns!«, rief ein Rotkehlchen.

»Ich suche mir mein Futter selber«, erklärte die kohlrabenschwarze Amsel mit ihrer melodischen Stimme.

»Folge uns«, meldete sich der Habicht erneut. »Wir bringen dich zurück zu deinen Leuten.«

»Aber ich darf nicht!«

»Unsinn! Wir helfen dir«, gurrte die weiße Taube zuversichtlich. »Zu den Fußmenschen gehst du mir nicht. Ich wurde von ihnen aufgezogen, aber im Grunde hassen sie uns Tauben und sehen uns als Schädlinge.«

»Wirklich?«, fragte Amelie und wischte sich die Tränen von den Wangen.

»Sie töten uns«, murmelte eine Wachtel. »Sie essen uns. Fußmenschen sind wirklich das Letzte.«

Amelie nickte und bemerkte erst jetzt, dass es bereits komplett finster war.

»Heute können wir nicht mehr fliegen, aber morgen zeitlich in der Früh«, erklärte der Habicht streng. »Mach dir keine Sorgen, Vogelmenschenkind. Wir helfen dir. Ruh dich aus.«

Amelie nickte dankbar. All die Vögel ließen sich bei ihr nieder, in Eintracht und Frieden.

Am nächsten Tag kehrte Amelie begleitet von unzähligen kleinen und großen Vögeln zurück in das Gebiet der Vogelmenschen. Sogar zwei Eulen waren ihre Begleiter. Der

Habicht und der Bussard flogen voraus. Hinter ihnen rief ein Falke, dass er auch ein Wort für Amelie einlegen wollte.

Als Amelie am großen Platz landen wollte, warteten bereits die Vogelmenschen auf ihre Ankunft. Ihre Gesichter waren zornig, ihre Gewänder blutrot, als Zeichen ihrer Wut. Sie breiteten ihre Flügel aus und hoben ab. Amelie erkannte die Gefahr und versuchte an Höhe zu gewinnen und zu fliehen. Aber die Vogelmenschen flogen Kreise um das Mädchen und bewarfen sie mit einer klebrigen Substanz. Amelie fiel es immer schwerer, in der Luft zu bleiben.

»Hatten wir nicht gesagt, dass du uns fernbleiben sollst?«, schrie jemand wutentbrannt. »Du wurdest verstoßen!«, rief ein anderer. »Wer nicht hören kann, muss fühlen«, kreischte eine zornige Stimme.

Abermals flog ein klebriges Geschoss auf sie zu und traf sie am rechten Flügel. Au, das tat weh! Unter Schmerzen versuchte Amelie, in der Luft zu bleiben, aber sie konnte nicht mehr. Sie stürzte ab. Der Boden sprang immer näher auf sie zu, jeden Augenblick erwartete Amelie den Aufprall und somit ihren Tod.

»Was ist los mit dir, mein Schatz?«, fragte Amelies Mutter plötzlich in ihrem Traum. »Es ist Zeit zum Aufstehen. Heute hast du deine dritte Flugstunde, mein Kind.«

Amelie schlug die Augen auf und sah sich verwirrt um. »Was?«

»Alles in Ordnung, Liebling?«, fragte ihre Mutter und

gab ihr einen Kuss auf die Stirn.

»Ich hatte so einen wahnsinnigen Traum«, murmelte das Mädchen, schwang die Beine aus dem Bett und reckte sich. Sie breitete ihre Flügel aus, streckte Arme und Beine. »Flugstunde sagst du?«

»Ja, du weißt schon, der alte Adler möchte dir seine Tricks zeigen.«

»Oh, ja, klar.«

»War der Traum so schlimm?«, fragte ihre Mutter einfühlsam.

»Ich hatte gedacht, ich wäre von euch allen verstoßen worden und ...« Amelie wischte sich die Träne von der Wange.

»So ein Unsinn, mein Liebling«, erklärte ihre Mutter. »Dich verstoßen. Aus welchem Grund?«

»Ich habe immerzu meine Freunde dazu verführt, sich in Gefahr zu begeben«, murmelte das Mädchen.

»Du?« Ihre Mutter musste lächeln. »Meine Tochter, die sich um jeden sorgt? Nein, das war wirklich ein dummer, böser Traum.«

»Zum Schluss habt ihr mich alle mit klebrigen Bällen beworfen und ich bin abgestürzt.«

»Ach Amelie. Es war ein Traum«, bemerkte ihre Mutter. »Es ist alles in Ordnung.« Sie nahm ihre Tochter in die Arme und strich ihr tröstend übers blonde, dichte Haar. »Schon gut. Vergiss diesen Unsinn. Denk nicht weiter darüber nach.«

Amelie sah ihrer Mutter lange in die Augen, dann nickte sie, löste sich aus der Umarmung und ging in die Küche.

Eine halbe Stunde später hatte sie den Traum vergessen. Sie war in der Luft, gemeinsam mit dem alten Adler, ihrem Freund.

# Der Friedensvertrag

Der alte Löwe lag zufrieden in der Sonne und döste vor sich hin. Sein Harem kümmerte sich um alles, und das war gut so. Die Vorstellung, dass mächtigere Tiere kommen könnten, um ihn aus seinem Land zu vertreiben, war unsinnig. Eine Herde Flusspferde! Sollte der alte Aasgeier doch reden, was er wollte! Er schnatterte ohnehin ununterbrochen.

»Also, ich würde ja nicht so ruhig in der Sonne liegen«, piepste ein Wüstenrennmäuschen vor der Schnauze des Löwen. »Die Flusspferde haben sich formiert und werden jetzt bald zum Wasserloch kommen.«

»Redest du mit mir?«, fragte der Löwe und öffnete verschlafen ein Katzenauge.

»Ja, was glaubst du denn?«

»Du hast keine Angst vor mir?«

»Du frisst Gazellen, aber doch niemals Mäuse«, kicherte das Tierchen. »Es geht um das Wasserloch, alter Mann«, setzte das Mäuschen fort. »Hast du mich verstanden?«

»Die Flusspferde werden es nicht wagen«, entgegnete der Löwe bestimmt. »Mein Rudel ist stärker.«

»Nein, da muss ich dir widersprechen, mein Lieber. Die Flusspferde sind an Zahl überlegen. Meine Freunde und ich haben sie gezählt.«

»Wieso erzählst du mir das?« Der Löwe streckte die Pfoten genüsslich weg. Die Sonne Afrikas schien warm auf sein helles Fell. Es war ein guter Tag und so sollte es bleiben. Die Löwinnen würden bald mit Futter zu ihm zurückkehren. Vielleicht mit einer leckeren, saftigen Antilope.

»Weil meine Freunde und ich auch zum Wasserloch ziehen wollen und den Schutz deines Rudels wünschen. Genauso wie die Giraffen.«

»Hm, wieso sollten die Flusspferde das Wasserloch wollen? Sie haben einen Fluss«, überlegte der Löwe.

»Er ist ausgetrocknet, genauso wie viele Wasserstellen hier. Du hast in deinem Revier eine der Letzten, verstehst du es jetzt endlich?«

Der Löwe stand auf und wanderte gemächlich in den Schatten eines alten Baumes. »So, so«, meinte er nur. »Ich will ja mal nicht so sein, wir könnten eigentlich all das friedlich lösen.«

»Du bist doch ein Löwe, der König der Tiere, ein Raubtier«, wunderte sich das Mäuschen.

»Der König, du sagst es, kleiner Freund. Wasser haben wir noch genügend. Wir können auch teilen.«

»Soll ich es den Flusspferden mitteilen?«

»Ich bitte dich darum«, erklärte der Löwe. Danach schloss er wieder die Augen. Wozu aufregen?

Die Zeit verging. Die Mittagshitze lastete schwer auf der Savanne. Die Löwinnen waren zurückgekehrt und lagen unter den Bäumen. Heute hatten sie kaum etwas gefangen. Sie würden am Abend wieder losziehen und auf die Jagd gehen.

»Sie kommen!«, piepste die Wüstenrennmaus aufgeregt. »Die Flusspferde glauben dir nicht!«

»Was sprichst du da, Kleine?«, fragte eine junge Löwin verschlafen.

»Spürst du es nicht? Der Boden vibriert.«

»Wacht auf!«, brüllte die Löwin sofort. »Die Flusspferde kommen!«

»Wieso?«, fragte ein Löwenkind und gähnte herzhaft.

»Sie wollen uns vertreiben«, raunte der alte Löwe.

»Aber warum denn? Seit Jahrzehnten gehört diese Wasserstelle unserem Rudel.«

»Es gibt kaum noch Regen«, wisperte eine steinalte Löwin und sah in den Himmel. »Die Wasserlöcher und Flussläufe trocknen aus. Alle haben Durst und fürchten um ihr Leben.«

»Ich bin bereit zu verhandeln und zu teilen«, sprach der Löwe und schüttelte die mächtige Mähne. »Wir haben noch genug.«

»Aber die Flusspferde, sie trampeln alles nieder und baden in unserem Wasser«, flüsterte ein Löwenkind.

»Das machen Krokodile auch«, erwiderte ein anderes. »Sei nicht so zimperlich.«

»Sie sind da!«, rief ein Junglöwe aus. Er hatte noch keine Mähne, doch in einem Jahr würde er fortziehen und sein eigenes Rudel gründen.

»Gut, bleibt hier. Ich versuche, sie zur Vernunft zu bringen.« Der alte Löwe erhob sich und trabte auf die Nilpferdherde zu.

»Halt!«, brüllte er, sodass man es durch die Savanne hören konnte.

»Zur Seite!«, rief ein Flusspferd. »Verschwinde mit deinem Rudel. Das ist jetzt unser Land.«

Der Löwe sah von einem zum anderen. Es waren an die dreißig Tiere. Tonnenschwer, wütend und ihnen bei weitem überlegen.

»Nein, dieses Land gehört uns allen«, bemerkte der Löwe.

»Das spricht ja der Richtige. Du beanspruchst es schon lange für dich und dein Rudel. Genauso wie das Wasserloch.« Ein Flusspferd schüttelte sein mächtiges Haupt.

»Die Zeiten haben sich geändert und ich bin bereit zu teilen. Wir sind bereit zu teilen. Ihr könnt hier bleiben.«

Flüstern machte sich in der Flusspferdherde breit. Was sprach der Löwe da? Konnte man ihm trauen?

»Hört auf den Löwen!«, rief die Wüstenrennmaus. Sie stand auf zwei Beinen und starrte die Tiere mit ihren dunklen Augen an.

»Wieso sollten wir ihm glauben? Er und die Seinigen sind unsere Feinde«, rief ein Flusspferd aus der Herde.

»Jeder kann sich ändern«, bemerkte ein altes Nilpferd und trat aus der Herde hervor. »Löwe, du wirkst nicht so, als würdest du uns in die Irre führen wollen oder eine List planen.«

»So ist es.«

»Zeig uns deine Wasserstelle, ob sie groß genug ist für uns alle«, forderte das alte Tier den Löwen auf.

»Kommt.« Der Löwe schritt voraus, die Herde folgte ihm, auch sein Rudel und die Maus. Selbst der Aasgeier wurde neugierig.

»Wasser!«, quietschte ein Nilpferdjunges und stolperte in das Wasserloch.

»Vorsicht!«, rief eine Löwin. »Wir haben auch Krokodile.«

»Und Elefanten«, wisperte das alte Flusspferd. »Aber das wird kein Problem werden. Die Wasserstelle ist ja riesig.«

»Genug für uns alle«, erklärte der Löwe mit erhobenem Haupt. »Also seid ihr bereit für ein friedliches Miteinander?«

»Ja«, erwiderte das alte Nilpferd felsenfest.

»Aber das können wir doch nicht machen«, rief ein jüngeres männliches Tier.

»Doch. Im Frieden liegt die Kraft. Wir sind alle Tiere.«

»Raubtiere und Pflanzenfresser«, murmelte ein anderes Flusspferd kopfschüttelnd.

»Ja, schon, aber mein Rudel und ich fressen keine Flusspferde, keine Elefanten.«

»Keine Mäuse«, wisperte die kleine Wüstenrennmaus.

»Wir holen uns unsere Beute woanders«, erklärte eine Löwin. »Kranke, schwache Tiere.«

Das alte Nilpferd nickte bedächtig. »Lasst uns einander helfen und füreinander da sein.«

Zustimmendes Geflüster. Ein Nilpferd nach dem anderen watete in das Wasser. Das Löwenrudel zog sich wieder unter seinen Baum zurück. Der alte Löwe gähnte, machte es sich bequem und schloss zufrieden die Augen.

## Die Reise durch die Zeit

Wie ist es doch im Sommer erfrischend, am frühen Morgen in einem Park spazieren zu gehen! Sanft plätschert ein Bach, hohe alte Bäume säumen den Pfad. Rätselhafte Vogelrufe ertönen aus einer faszinierenden Auenlandschaft. Kurz hält sie inne, atmet die Ruhe ein. Sie wendet sich dem Ufer zu. Wo ist der Bach hin? Eine verwucherte Teichlandschaft erstreckt sich vor ihr. Kleine mit Bäumen und Sträuchern bewachsene Inseln inmitten von kühlem Wasser. Ein Traum. Blauschillernde Libellen huschen durch die Luft. Eigentlich schöne Tiere.

Nach einigen langen stillen Minuten wandert die Frau weiter. Sie findet wieder den Bachlauf und folgt ihm bis zu einer Brücke. Vor ihr liegt die alte verfallene Wasserburg. Sie sieht traurig aus. Bei einem der beiden Türme fehlt das Dach, am anderen wachsen kleine Sträucher zwischen den Dachziegeln. Die Burg selbst war einst prachtvoll. Ein wenig von ihrem Glanz ist noch zu sehen, wenn auch nur noch die Wände stehen. Das Dach ist schon lange weg, die Vegetation hat sich ihren Weg ins Schlossinnere gebahnt.

Wie alle derartigen Gebäude ist auch diese Burg gesperrt, denn jedes Betreten wäre lebensgefährlich. Die Frau geht weiter, entdeckt eine steinerne Kapelle, die an die Burg angrenzt. Sie wurde wohl kürzlich renoviert. Das Dach ist neu, auch gibt es in Blumenbehältern frische Blumen. Da kümmert sich jemand um das Anwesen. Aber nicht um den Rest. Ist wohl nichts mehr zu machen. Die Fenster alle kaputt, die Mauer stellenweise abgebröckelt und zerstört. Schade. Der Spaziergängerin blutet das Herz, wenn sie Baujuwele verrotten sieht. Sie wendet traurig ihren Blick ab.

Bewundernd bleibt sie vor zwei steinalten Platanen stehen und schaut hinauf in ihre Kronen. Wie hoch sie wohl sein mögen? Sie berührt den Stamm eines Baumriesen und zuckt zurück. Was war das gewesen? Sie betrachtet verwundert ihre Hand. Sie ist eisig kalt geworden, aber sonst scheint sie in Ordnung zu sein. Vorsichtig berührt sie den Stamm der Platane abermals. Eisige Kälte greift nach ihr, sodass sie erschaudert.

Vor ihren Augen ändert sich die Umgebung. Der teils verwilderte Park gleicht einem barocken Schlossgarten. Sie sieht die prachtvolle Wasserburg vor sich. Ihr kommen die Tränen, als sie die Schönheit des alten Baus sieht. Eine Kutsche fährt über die Zugbrücke in den Schlosshof. Die Frau kann es nicht glauben, was sich vor ihren Augen abspielt.

Plötzlich befindet sie sich vor der Kapelle. Sie ist kein Mensch mehr, sondern ein Federvieh. Eine Gans. Die Leute scheinen in Aufruhr und Hektik. Eine Hochzeit wird vorbereitet, das kann sie aus ihrer Perspektive klar erkennen. Oh mein Gott, die Braut ist ja wunderschön. Irgendjemand packt sie, die Gans, mit den Worten: »Hab ich dich!« am Hals. Sie versucht zu schreien, zu schnattern, aber es kommt kein Ton aus ihrer Kehle. Sie schlägt mit den Flügeln, ringt nach Luft. Sie kann das Hackbeil sehen, dass ihr in Kürze den Kopf abschlagen wird. Nein!!!! Sie ist doch keine Gans, sondern ein Mensch, der unfreiwillig in die Vergangenheit gereist ist.

»Ich mag keinen Gänsebraten«, bemerkt der Bräutigam im letzten Moment. »Lass sie frei.« Vollkommen erschöpft flattert die Gans zu Boden und verkriecht sich in der Kapelle. Niemand beachtet sie. Was für ein Glück! Aber wie kann sie den Gänsekörper verlassen und durch die Zeit zurückreisen? Was hat sie im 17. Jahrhundert oder so verloren?

Als Zaungast und Gans erlebt die Frau die Hochzeitszeremonie. Es ist faszinierend und wunderschön.

Aber plötzlich verändert sich alles. Die Leute lösen sich in Luft auf, als hätten sie nie existiert. Es wird laut, ein Dröhnen erfüllt die Luft. Die Frau krabbelt unter einer Kirchenbank hervor. Sie ist wieder eine erwachsene Frau, nein, sie sieht auf ihre kleinen Hände. Sie ist ein Kind. Ein kleines Mädchen im Nachthemd. Hilflos. Eine Explosion in ihrer Nähe. Sie läuft aus der Kapelle hinaus. Es ist Nacht. Die Burg, sie brennt. Abermals eine Explosion, irgendwo im Park. Sie sieht in den Himmel. Flugzeuge? Sie ist für einen Moment verwirrt, dann überkommt sie ein eiskalter Schauder. Sie ist in Gefahr. Sie wird sterben, wenn sie hierbleibt. Sie befindet sich im Zweiten Weltkrieg. Die Burg wurde bei

Bombenangriffen zerstört, auch die angrenzende kleine Kapelle. Sie hatte zuvor auf einer Schautafel davon gelesen.

Nur die Platanen haben den Angriff überlebt, auch die tausendjährige Linde, die ganz in der Nähe ist. Aber sie muss durch den Wassergraben hindurchschwimmen. Kann sie das? Abermals kracht es und der Boden bebt. Einer der Burgtürme hinter ihr! Der Dachstuhl steht in Flammen. Sie muss hier weg und einen Weg durch die Zeit zurückfinden!

Sie hetzt zum Wassergraben und hechtet ohne nachzudenken hinein. Sie möchte schwimmen, aber sie kann es nicht. Sie ist ein kleines hilfloses Mädchen von vielleicht fünf Jahren. Sie strampelt mit Armen und Beinen, brüllt und schreit, aber das Wasser verschlingt sie binnen weniger Minuten.

»Alles in Ordnung?«, fragt jemand. Die Frau ist verwirrt. Sie sieht einen alten Mann vor sich, der mit seinem Jagdhund spazieren geht. »Es ist ein schöner Platz hier«, meint der Alte und lächelt sie an. Die Frau setzt sich auf und sieht auf ihre Hände. Danach auf ihre Umgebung. Neben ihr steht eine der mächtigen Platanen, deren Stamm sie zuvor berührt hat.

»Alles okay, danke«, murmelt die Frau und steht auf. Was war geschehen? »Ja, ein wunderschöner, mystischer Platz.« Sie ringt sich ein Lächeln ab. Was für ein verrückter Traum.

»Diese Platane hat schon viel gesehen, wissen Sie«, erklärt der alte Spaziergänger freundlich. »Hochzeiten, Kriege.«

Die Frau nickt. Sieht auf ihre Uhr. Sie ist erst eine knappe Stunde im Park. Es ist ihr wie eine Ewigkeit vorgekommen.

»Einen schönen Tag noch«, meint der alte Mann, wendet sich seinem wartenden Hund zu und geht weiter. Die Frau jedoch bleibt am Ufer des Wassergrabens stehen und sieht noch einmal zur Burg. Was für eine seltsame Geschichte. Nein, erzählen wird sie sie niemandem, denn man würde nur glauben, dass sie verrückt wäre. Sie – eine Gans! Langsam wendet sie sich von der Burg ab und wandert wieder auf den verschlungenen Wegen durch den Park zurück in ihr Leben.

## Der tragische Held

Er hatte keine Chance. Sie kam von hinten, hatte sich angeschlichen. Er hatte sie nicht sehen können, aber spüren. Jetzt war es zu spät. Er saß in der Falle. Er versuchte zu schreien, aber es kam nur ein heiseres Piepsen aus seiner Kehle. Kurz sah er nach oben. Der Baum? Doch die Kralle packte ihn bereits und schleuderte ihn durch die Luft. Dann stürzte sie sich auf ihn. Er konnte die messerscharfen Zähne sehen und dann? Pechschwarze Finsternis.

»Was für ein Theater«, seufzte die alte Katze kopfschüttelnd, nachdem sie ihr Mahl verspeist hatte. Sie leckte sich das Maul. Die Milch war ausgezeichnet gewesen.

»War ich gut?«, fragte der Rotkehlchenhahn mit seiner piepsigen Stimme.

»Na, geht so«, meinte das kleine Kätzchen. »Du musst noch üben. Deine Vorstellung ist noch nicht tragisch genug.«

»He, ich habe mich wirklich bemüht!«, plusterte sich das Vögelchen auf. »Wenn ich dir nicht gut genug bin, dann hol dir eine Krähe.«

»Na, die wäre für unsere Moony zu groß«, meinte die alte Katze und blinzelte. »Was bezweckt ihr damit?«

»Ich möchte Schauspieler werden, meine Liebe«, bemerkte der Rotkehlchenhahn. »Ich bin höchst talentiert.« Robin flatterte hoch und setzte sich auf einen Zweig eines Baumes. Er machte ein ernstes Gesicht, sperrte den Schnabel auf und sprach: »Oh, des Todes Kralle hat mich gepackt, es geht zu Ende mit mir ...«

»Halt den Schnabel«, raunte die alte Katze und stand gemächlich auf.

»Hihi«, zirpten die anderen Vögel. »Unser tragischer Held.«

Robin ließ den Kopf hängen.

»Er ist wirklich gut«, piepste eine winzige Mäusedame. »Ich könnte es nicht besser. Ich dachte zuvor, dass diese kleine Miezekatze tatsächlich das Vögelchen fressen wollte.« Sie deutete mit der Pfote auf Moony.

»Oh, es ist mir eine Ehre«, bemerkte Robin. Er setzte sich zu dem Mäuschen auf den Boden. »Wer bist du?«

»Ich bin Bernadette«, wisperte die Maus und kicherte.

»Ich heiße Robin, begnadeter Schauspieler der tragischen Art.«

»Sehr erfreut. Darf ich mitmachen?«

»Moony?«, fragte Robin und wandte sich um.

»Mir ist das gleichgültig.« Sie putzte sich gerade das Fell.

»Wir brauchen Zuseher«, meinte Bernadette nachdenklich.

»Das ist nicht so gut«, bemerkte Robin gedankenverloren. »Du bist eine Maus, ich ein Vogel. Wir sind Futtertiere.«

»Und wieso frisst dich Moony nicht? Und diese alte Straßenkatze?« Die Maus schaute verwundert von einem zum anderen.

»Weil wir Freunde sind, du vorlautes Mäuschen«, maunzte die alte Katze. Ihr Name war Grizabella.

»Also, Bernadette«, begann Robin nach einer Weile, »Jetzt pass mal auf: Ich, der Meister, zeige dir, wie es geht. Moony, bereit?«

»Gut, kann losgehen.«

Das Schauspiel fing an. Bernadette setzte sich zu Grizabella in die Wiese und staunte über Robins Flugkünste. Jedoch, als Moonys Part kam, huschte ein Schatten durch den kleinen Obstgarten. Flink und lautlos.

»Robin!«, kreischte die alte Katze. »Pass auf, sie ist da!«

Doch der Rotkehlchenhahn war in seinem Element, er bekam nichts mit. Moony zuckte zurück, als sie das Zischen hörte. Sie schrie auf und suchte das Weite. Bernadette starrte mit schreckensgeweiteten Augen auf das Rotkehlchen. Grizabella nahm das Mäuschen vorsichtig ins Maul und brachte es in Sicherheit.

Robin sah sich einem riesenhaften Monsters gegenüber, das ihn mit seiner Zunge witterte. Keine Bewegung. Das Rotkehlchen machte sich ganz klein und hielt die Luft an. Es nahm sein ganzes schauspielerisches Geschick zusammen und stellte sich tot. Die Schlange hielt inne. Züngelte. Dann schlängelte sie sich weiter, knapp an dem Vogel vorbei.

Doch dann – Robin dachte bereits, dass er es geschafft hätte – hielt das Monster abermals in der Bewegung inne, sperrte das Maul auf. Robin starrte auf die gespaltene Zunge. Kein Mucks. Oh, gleich würde das Biest ihn packen und lebendig verschlingen! Welch tragisches Ende für einen so begnadeten Schauspieler wie ihn!

Bernadette konnte nicht länger zusehen. Sie schlich sich hinaus aus ihrem Versteck. Sie musste Robin helfen. »Nein, tu das nicht!«, miaute die alte Katze.

»Er ist mein Lehrer!«, rief Bernadette tapfer. »Keine Sorge, ich bin flink.«

Rasch trippelte die Maus zu der Schlange. Sie hüpfte auf dem Boden auf und ab. »Flieg Robin«, piepste sie, so laut sie konnte, als das Reptil ihr den Kopf zuwandte. Der Rotkehlchenhahn war flugs auf dem nächsten Baumwipfel. Zitternd und bebend. »Lauf, Bernadette!«, pfiff er.

Bernadette huschte los, stürzte auf die alte Katze zu und verschwand hinter ihr in einem Mäuseloch.

Die Katze fauchte, als die Schlange sich näherte. »Du verschwindest besser wieder!« Sie versetzte dem Tier einen Prankenhieb, sodass es in hohem Bogen davonflog. »Super,

Grizabella!«, freute sich Moony. »Du hast es ihr aber gezeigt!«

»Danke, liebes Kind. Aber unser Robin hat seine bisher beste Vorstellung gegeben. Du bist wirklich talentiert, mein Lieber«, maunzte die alte Katze. Robin flatterte vom Baum und verbeugte sich tief. »Danke, Grizabella, dass du die Schlange per Luftpost verschickt hast.«

»Oh, gern geschehen, mein Lieber. Wir müssen ja zusammenhalten.«

»Bravo!«, rief Bernadette und klatschte mit ihren winzigkleinen Pfoten Beifall.

»Danke dir und danke für deine Hilfe«, meinte Robin respektvoll. »Du wirst von nun an meine Kollegin. Wir werden gemeinsam auftreten.« Er machte eine ausladende Bewegung mit seinem Flügel.

»Gerne«, piepste die Mäusedame. »Ich werde meine Familie für unsere gemeinsamen Vorstellungen holen und auch deine«, grinste die Maus. »Es wird großartig sein!«

»Ja, das könnt ihr gerne machen. Meine Leute lasse ich lieber dort, wo sie sind. Es gibt nicht viele von uns, die Verständnis für die hohe Kunst der Schauspielerei haben«, schnurrte Grizabella, suchte sich ein Plätzchen in der wärmenden Sonne und schloss genussvoll die Augen.

»Mir scheint, auch Schlangen sind wahre Kunstbanausen«, seufzte Robin und zupfte sich eine Feder zurecht.

»Ja, da hast du vermutlich recht«, überlegte Moony.

Auch sie war müde und suchte sich einen kuscheligen Platz in der Sonne.

»Na, meine Liebe«, meinte Robin und plusterte sich auf. »Dann lass uns mit unserer ersten Übung beginnen. Ich zeige dir jetzt, wie man sich tot stellt.«

»Ja, gerne«, freute sich die Maus.

## Das Rätsel

»Ich kann es nicht glauben!«, schnaubt die kleine schwarze Hündin. »Wer macht denn so etwas?«

»Das ist wahrlich ein Gemetzel«, bemerkt Rumo, der alte Corgi-Rüde. »So etwas habe ich in meiner langen Dienstzeit noch nicht gesehen.« Er stupst den Hirschkäfer mit der Schnauze an. Den halben Käfer. Der Hinterleib fehlt. Die Flügel liegen wenige Zentimeter daneben. Es ist kein schöner Anblick.

»Der lebt ja noch!«, winselt seine Kollegin Rala. Sie ist eine Bolonka Zwetna-Hündin, jung und auf dem Weg, eine gute Polizistin zu werden. Aber was sie gerade sieht, schürt Berufszweifel in ihr. Ein Bein des zerstückelten Käfers zuckt.

Rumo bleibt davon unberührt und hält die Nase in den Wind. Keine Spur. »Lass uns weitergehen, Frau Kollegin.«

»Aber der Käfer lebt noch!«

»Nein, tut er nicht.« Endlich wendet Rala den Blick von dem Insekt ab und trottet weiter. Die beiden Hunde folgen dem Weg durch den lichten Laubwald. Wieder ein toter Käfer! Sie haben bereits an die zwanzig Hirschkäferleichen gezählt.

»Ich habe überhaupt keine Spur«, seufzt Rumo letztendlich. »Zu viele Gerüche.«

»Wir könnten dem Täter auflauern«, schlägt Rala mutig vor. Sie schiebt mit ihrer Pfote angewidert einen Käfer zur Seite.

Rumo schaut in den Himmel, schnüffelt erneut. »Nein, heute ist es zu spät.«

»Aber die Käfer«, bemerkt Rala enttäuscht.

»Morgen gehen wir auf die Pirsch. Wir stellen dem Täter eine Falle.«

»Und wie?«

»Lass das meine Sorge sein.«

»Jawohl, Inspektor Rumo!«

»Morgen bei Sonnenaufgang treffen wir uns hier, Kollegin.«

Rala nickt, macht kehrt und läuft nach Hause. Ihre Menschen werden sie schon vermissen.

Rumo betrachtet noch kurz die toten Käfer, sucht nach einem Muster, irgendeinem Anhaltspunkt, schüttelt letztendlich den Kopf und trottet bergab zu seinem Hof. Er robbt unter dem Gartenzaun hindurch und geht schnaufend zu seiner Hundehütte. Ja, er ist kein Jungspund mehr, aber dafür reich an Erfahrung.

Am nächsten Tag sitzt der alte Corgi-Rüde bereits auf dem Forstweg und wartet auf die Bolonka-Hündin.

»Tut mir leid«, keucht Rala, als sie Rumo endlich erreicht. »Ich konnte von meinen Leuten nicht weg.«

»Soso«, bemerkt Rumo und schaut sie lange an.

»Entschuldigung«, hechelt Rala.

»Dass mir das nicht wieder vorkommt.«

»Wird es nicht«, murmelt Rala. »Also, wie gehen wir vor?«, fragt sie wenig später.

»Hier!« Rumo deutet mit der Pfote auf einen Käfer. Gute drei Zentimeter groß und vollständig.

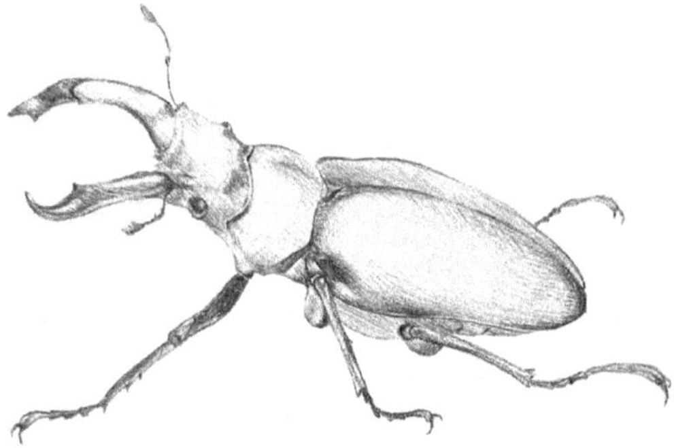

Rala macht erschrocken einen Satz zurück, als sie ihn sieht.

»Ganz ruhig, Kollegin«, sagt Rumo rasch. »Das ist eine Käferattrappe.«

»Ach, so«, schnaubt Rala. »Wo hast du sie her?« Rala neigt den Kopf und schnuppert an dem Plastiktier.

»Das tut nichts zur Sache. Wir legen ihn dort unten am Rand des Weges hin.«

»Wieso dort?«, fragt Rala verwundert. »Und nicht hier?«

»Ich habe die Stelle ausgekundschaftet. Meiner Meinung ist dies die beste Möglichkeit, um dem Täter habhaft zu werden.« Er macht eine Pause, dann meint er mit steinerner Miene: »Wir haben dort die meisten Käferleichen gefunden. Der oder die Täter werden an den Tatort zurückkehren.«

»Was ist, wenn sie uns beobachten?«, fragt Rala plötzlich nervös und sieht sich um.

»Ich denke kaum. Es ist noch zu dunkel. Aber nicht mehr lange. Komm!«

Rumo schnappt sich den Käfer und trottet den Waldweg hinunter. Rala folgt ihm.

Der Corgi platziert den Käfer an einer Wegbiegung und robbt sofort unter einen dichten Strauch. Rala tut es ihm gleich.

»Was machen wir hier?«, zischt sie.

»Dem Täter auflauern, Kollegin, was sonst?«, keucht der Rüde und legt den Kopf auf das weiche trockene Gras. Seine Ohren sind gespitzt, seine Sinne in Alarmbereitschaft.

Rala macht sich ebenfalls ganz klein und versucht sich ruhig zu verhalten. Das ist für so eine junge, quirlige Hündin wirklich schwierig. Immerzu hebt sie bei jedem winzigen Geräusch den Kopf und lauscht.

»Ruhig, Rala«, bemerkt Rumo leicht genervt. »Versuche, dich nicht zu bewegen. Wir wissen nicht, mit wem wir es zu tun haben.«

Minuten verstreichen, Stunden. Rumo schläft an Ralas

Seite. Leise hört sie ihn schnarchen. Schlafen im Dienst. Rala schüttelt den Kopf.

Doch dann passiert es. Ein Knacken, dann ein Rauschen. Ein dunkler Schatten fegt über Rala hinweg. Die Hündin hält die Luft an. Direkt vor ihr ein Tier, das so groß ist wie sie selbst. Ein Wesen der Lüfte. Ein Vogel, eine Krähe. Rala schluckt. Die Saatkrähe landet wenige Meter vor ihr auf dem Waldweg. Sie stößt mit ihrem Schnabel auf die Käferattrappe herab, versucht sie zu teilen. Vergeblich. Der Vogel hält inne. Er sieht sich um.

Rumo und Rala sprinten aus dem Busch hervor. Rala bekommt die Schwanzfedern der Krähe mit dem Maul zu fassen. Rumo knurrt und fletscht die Zähne, während Rala den Vogel verbissen festhält. Die Krähe flattert, schlägt mit ihren Flügeln um sich, hackt mit dem Schnabel auf Rala ein, doch diese weicht geschickt aus.

»Verschwinde von hier!«, bellt Rumo zornig. »Das ist unser Revier. Hier werden keine Käfer mehr gefressen, hast du ›Rabenvieh‹ das verstanden?« Rala hat mittlerweile große Schwierigkeiten, den Vogel zu halten. Unvermittelt lässt sie los, die Krähe flattert hoch.

»Wenn du noch mal herkommst, werden wir wieder auf dich warten und dann kommst du nicht so glimpflich davon!«, ruft Rumo dem Tier nach.

Rala spuckt angewidert die langen, schwarzen Schwanzfedern der Krähe aus und schüttelt sich.

»Alles in Ordnung, Kollegin?«, fragt Rumo besorgt.

»Ja, danke«, keucht Rala und würgt erneut.

»Du bist mutig und tapfer«, stellt Rumo fest. »Ich freue mich bereits auf unseren nächsten Fall, denn dieser ist gelöst.«

Rala nickt.

»Komm«, meint Rumo und leckt sich das Maul. »Ich weiß, wo wir jetzt ein gutes Frühstück bekommen. Folge mir.«

Gemeinsam kehren die beiden Hunde, die unterschiedlicher nicht sein können, ins Dorf zurück.

## Die Mutprobe

»Nein, das wirst du nicht machen! Du hast nicht den Mumm dazu«, grinste der junge Mann übers ganze Gesicht. »Ich kenne dich. Du bist und bleibst ein Feigling.«

»Und wenn doch?«, fragte die junge Frau. »Was ist, wenn ich in dieses Haus gehe?«

»Es steht schon seit Jahrzehnten leer«, bemerkte eine andere. Ihre blonden Haare trug sie zu einem Pferdeschwanz gebunden. Rote Wangen leuchteten aus ihrem apfelförmigen Gesicht. »Man sagt, dass es dort spukt.«

»Eben. Deshalb wird unsere Pia eine Nacht dort verbringen, um zu beweisen, dass sie kein Angsthase ist – ohne eine Verbindung nach draußen, ohne Handy.« Kevin zwinkerte der blonden Frau zu.

»Das ist keine gute Idee«, bemerkte diese kopfschüttelnd. Zweifel standen in ihr Gesicht geschrieben. »Ein Handy solltest du ihr schon lassen.«

»Lena, die Sache gilt als nicht bestanden, wenn Pia ununterbrochen mit Freunden chattet. Das verstehst du doch«, meinte Kevin eindringlich.

Lena nickte halbherzig, trotzdem schien sie nicht sicher zu sein.

»Aber«, begann Kevin im nächsten Augenblick theatralisch zu Pia gewandt, »du darfst selbstverständlich deinen Köter mitnehmen.« Er deutete auf Pias Schoßhund, einen schneeweißen Malteser.

»Ohne Jenny würde ich ohnehin nicht gehen«, seufzte Pia und strich sich nachdenklich die Haare aus der Stirn. Sollte sie es wagen? Sie ließ die Finger über den Henkel der Teetasse gleiten.

»Und?«, fragte Kevin ungeduldig. »Hast du deine Entscheidung bereits getroffen?«

Pia blickte unschlüssig auf ihre Tasse.

»Pia, also, ich würde es nicht tun«, stellte Lena fest. »Aber wie ich dich kenne, wirst du es nicht lassen können.«

»Ja, das stimmt. Das glaube ich auch. Mache es für dich, Pia«, flötete Kevin und lächelte die junge dunkelhaarige Frau an. Seine grünen Augen funkelten, als das Licht der untergehenden Sonne sich in seinen Pupillen spiegelte.

»Du kannst gleich von hier aus starten, wenn du willst«, bemerkte er verschmitzt. »Die Villa ist in der Nähe und die Sonne wird bald untergehen. Alles was du brauchst, kannst du dir von Lena ausborgen, nicht wahr?«

Er schaute zu Lena, die ihm einen für Pia nicht deutbaren Blick zuwarf, danach wandte er sich der kleinen Malteserhündin zu. »Ja, Jenny, du wirst dein Frauchen begleiten und auf sie aufpassen, gell?« Er strich ihr sachte über den flauschigen Kopf. Pia blieb noch bei Tisch sitzen. Still und nachdenklich.

»Was?«, stammelte Pia und hielt sich den schmerzenden Kopf. Ächzend setzte sie sich auf und schaute sich um. Pechschwarze Finsternis umfing sie. Nichts, an dem sie sich orientieren konnte. Was war geschehen? Pia rieb sich die Augen, aber die Schwärze rund um sie herum verschwand nicht. War sie blind? »Hallo?«, fragte sie zaghaft mit zitternder Stimme. »Jenny?« Ihre Hündin war immer bei ihr und wich nie von ihrer Seite. »Komm, Jenny!«

Doch Pias Stimme versagte, als ein tiefes Brummen einsetzte, das die Erde beben ließ. Pia richtete sich panisch auf, stolperte mit ausgestreckten Händen nach vorne, griff ins Leere, strauchelte und stürzte zu Boden. »Au!«, schrie sie laut auf. Brennende Schmerzen in ihrem rechten Arm trieben ihr Tränen in die Augen. Das Brummen verstummte augenblicklich und quälende Stille setzte ein.

Pia rappelte sich auf, wischte sich über die Wangen und hielt keuchend ihren schmerzenden Arm. Ein modriger Geruch stieg ihr in die Nase und damit Erinnerungsfetzen, was sie die letzten Stunden gemacht hatte. Lena und Kevin. Die Mutprobe. Die Geistervilla? Um Himmels willen, befand sie sich in diesem Haus? War sie womöglich in einem Verlies, einem Kerker, irgendwo unter der Erde, unterhalb der Villa? Oh mein Gott! Von Geistern verschleppt? Ging denn das?

Fröstelnd schaute sich Pia erneut um, lauschte in die Stille. Kein Licht, kein Ton. Nur nicht der Panik Raum geben! Sie atmete einige Male tief durch, versuchte, im Kopf klarer zu werden, sich zu konzentrieren, sich an jedes Detail der vergangenen Stunden zu erinnern. Irgendwie war sie in diesen Keller gekommen. Somit würde es auch einen Weg hinaus geben. Oder? Eine Welle von Furcht drohte sie zu überrollen.

Das Letzte, woran sich Pia erinnern konnte, war, dass sie durch ein zerborstenes Fenster in das Haus eingestiegen war. Danach war sie mit ihrem Hund auf dem Arm durch die Zimmer geschlendert. In der Abenddämmerung. Das war nicht weiter schlimm. Ein schönes Haus. Die Einrichtung teilweise noch intakt. Gerümpel, aber interessant. Vor einer verschlossenen Tür hatte sie Pause gemacht und Tee aus einer Thermoskanne getrunken. Danach kann sich Pia an nichts mehr erinnern. Eigenartig.

Aufgewacht in diesem finsteren Loch. Wer hatte sie hierher gebracht? Geister! – lautete die spöttische Antwort ihrer inneren Stimme. Pia schüttelte den Kopf, sie wollte nicht weiterdenken. Sie musste einen Weg nach draußen finden. Verdammt! Sie konnte es in ihrem Zustand nicht. Denn Pia zitterte am ganzen Leib, war unfähig, auch nur einen Schritt zu machen. Ihr Herz raste, sie holte keuchend Luft. Es blieb ihr nichts anderes übrig als in ihrer Position zu verharren, starr vor Schreck.

Als wäre das nicht genug, streifte sie irgendetwas am Bein. Sachte. »Ahhh!«, schrie Pia auf. Hörte sie ein leises Knurren oder irrte sie sich? Jenny? Eine kühle feuchte winzige Nase stupste sie an. Kleine Hundepfoten versuchten, an ihr hoch zu krabbeln. »Jenny!«, krächzte Pia erleichtert.

»Hallo, mein Schatz!« Sie nahm das Hündchen hoch und streichelte es liebevoll. Der Hund drückte sich an sein Frauchen und leckte ihm das Gesicht. »Oh Jenny!«, seufzte die junge Frau.

Die Anwesenheit ihres Hundes, eines Lebewesens, gab ihr Hoffnung und Kraft. »Jetzt müssen wir zuallererst hier raus, okay?« Mutig tastete sich Pia vorwärts. Zumindest glaubte sie das. Sehen konnte sie ja nichts, absolut nichts. Außerdem herrschte Totenstille, sie hörte nur das Rauschen ihres Blutes in den Ohren. Die Hündin auf ihrem Arm zitterte unentwegt. »Ruhig«, flüsterte Pia, hatte jedoch selbst damit Schwierigkeiten.

Wie hatte sie sich nur auf diese Sache einlassen können? Pia presste die Lippen zusammen. Wie dumm sie war! In einer Geistervilla übernachten! Wem wollte sie imponieren? Kevin, dem Angeber? Nein, sich selbst, gab sie sich die Antwort.

Vorsichtig setzte sie einen Fuß vor den anderen, bis sie plötzlich nicht mehr weiter konnte. Vor ihr befand sich eine Steinmauer. Pia tastete die kühle Wand ab. Grober Putz blätterte ab. Gut, jetzt nach rechts weitergehen, bis zu einer Tür. Die musste es ja hier unten geben.

»Eindringling!«, stöhnte eine Stimme hinter ihr. Pia gefror das Blut in den Adern. Jenny machte keinen Mucks. Hatte der Hund denn nichts gehört?

»Eindringling!«, wiederholte die Stimme. Jetzt knurrte der Malteser, strampelte und hüpfte von Pias Arm hinunter.

»Jenny!«, kreischte Pia. »Nein!« Sie hörte, wie sich das Tier entfernte. Dann war es wieder still. Pia wagte es nicht, sich umzudrehen. Sie blieb sekundenlang stehen, mutterseelenalleine mit einem Geist? Keinen Ton von sich geben, nicht auffallen!

Ein knarrendes Geräusch zerschnitt die Stille. Pias Fluchtinstinkt erwachte. Keine Sekunde würde sie länger hier bleiben! Sie schlich seitlich an der Wand entlang. Schritt um Schritt. Bebend, keuchend, die Ohren gespitzt. Plötzlich versperrte ihr irgendetwas den Weg. Es hörte sich hohl an, als sie mit dem Fuß dagegen stieß. Eine Holzkiste?

Rasch tastete sie sich mit klammen Fingern an der Kiste vorbei und was war das? Ein mannsgroßer Rahmen? Eine Tür. Endlich! Nichts wie raus! Aber was ist, wenn draußen noch mehr Geister warteten? Eine Horde? Wieder knarrte es. Das Geräusch war näher gekommen. Pia suchte panisch nach dem Türdrücker, fand einen Knauf und drehte, rüttelte ihn. Zugesperrt! Nein! Pia rang nach Luft. Sie hatte das Gefühl, jeden Augenblick ohnmächtig zu werden.

»Ich hole dich!«, wisperte die Stimme plötzlich knapp hinter ihr. Im nächsten Augenblick, Pia hatte keine Zeit zu reagieren, wurde sie gepackt. Pia brachte keinen Ton hervor, auch wehrte sie sich nicht.

Als die Stimme ein: »Hab ich dich!« hauchte, wurde Pia ohnmächtig. Sie bemerkte nicht mehr, dass das Licht anging.

»Was ist mit ihr!«, kreischte Lena. »Du Idiot!«, schimpfte sie ihren Freund.

»He, sie ist sicher nur ohnmächtig«, entschuldige sich Kevin. Lena bückte sich über ihre Freundin und tätschelte ihr Gesicht. »Wach auf, Pia. Es ist alles gut. Bitte.« Jenny hatte inzwischen damit begonnen, ihr Frauchen überall abzulecken, als wollte sie sagen: »Los, aufstehen! Zeit zu spielen.«

Nach wenigen Minuten erwachte Pia mit einem leisen Seufzen. Wo war sie? Verwirrt sah sie sich um. Im Keller? Mühsam setzte sie sich auf. Ihr Kopf schmerzte furchtbar, das Licht tat in den Augen weh. »Was ist passiert?«, stammelte sie. »Wuff!«, freute sich die kleine Malteserhündin und krabbelte auf ihren Schoß.

»Du wurdest ohnmächtig«, bemerkte Kevin. »Ich habe wohl übertrieben.« Er schaute sie mit einem schiefen Lächeln an. »Das mit deinem Arm tut mir leid. Wir hatten alles weggeräumt, damit du nicht irgendwo anläufst, aber anscheinend haben wir auf das da vergessen.« Er deutete auf ein zerstörtes Regal am Rande des Raumes. »Du hast dich beim Sturz schlimm aufgeschürft.«

Pia betrachtete für einen Augenblick ihren verletzten Arm. Oh, sie hasste Blut. Angeekelt wandte sie sich ab. Langsam begann sie eins plus eins zusammenzuzählen. »Soll das etwa heißen, dass ihr beiden mir diesen Streich gespielt habt?«

Lena nickte und biss sich auf die Lippen.

»Es war deine Mutprobe und du hast sie bestanden.«

Kevin klopfte ihr auf die Schulter.

Pia ließ minutenlang alles Revue passieren.

»Ich sollte euch anzeigen«, stammelte sie immer noch leichenblass und strich ihrem Hund übers seidenweiche Fell.

»Wieso denn?«

»Frag nicht so scheinheilig!«, keuchte Lena. Sie saß neben Pia am Boden. »Du hast ihr mit deiner Idee einen Wahnsinnsschrecken eingejagt.«

»Und du hast bereitwillig mitgemacht«, ätzte Kevin. »Ist ja nichts passiert«, setzte er nachdenklich fort. »Außerdem, wer hat wohl Hausfriedensbruch begangen und ist in ein fremdes Haus eingebrochen, hm?«

Pia wandte ihren Blick ab. Farbe stieg ihr ins Gesicht.

»Wie habt ihr mich in den Keller geschleppt?«, fragte sie, während sie sich umsah. Ein mittelgroßer Kellerraum, grob verputzt mit Regalen an den Wänden, einer Werkzeugbank, Spinnweben, einem Steinboden und einer einsamen Glühbirne, die von der niedrigen Decke hing. An sich kein Platz, an dem man sich fürchten musste.

Kevin sah kurz zu Lena, diese zischte ein: »Sag es ihr!«

»K.O.-Tropfen«, erklärte der junge Mann emotionslos. »Erinnerst du dich? Du hast auf deiner Erkundungstour durch die Geistervilla eine Thermoskanne mit Tee mitgenommen, so wie es deine Art ist. Nur war sie präpariert. Genial, was?« Wieder grinste er.

»K.O.-Tropfen? Seid ihr wahnsinnig?«, keuchte Pia. »Wolltet ihr mich vergiften?«

»Nur eine geringe Dosis, aber die hat dich voll umgehauen.«

Pia schüttelte wütend den Kopf. Das alles durfte nicht wahr sein.

»Und das Brummen?«, fragte sie wenig später.

»Welches Brummen?« Lena sah Pia verständnislos an.

»Jetzt sagt nicht, dass ihr nichts gehört habt!« Die junge Frau sah überrascht von einem zum anderen.

»Nö, haben wir ehrlich nicht. Wir waren auch nicht ununterbrochen bei dir. Nach den Tropfen warst du ziemlich lange bewusstlos. Das war langweilig. Irgendwann haben wir Jenny zu dir gelassen und dann hat der Spaß angefangen.«

»Sehr witzig!«, schimpfte Pia. »Ihr habt nichts gehört?«, wiederholte sie in Gedanken.

»Eine Leitung, ein Rohr, oder weiß Gott was. Das ist ein altes Haus«, versuchte Lena eine Erklärung zu finden.

»Oder ein Geist«, erklärte Kevin und tat so, als wäre er zu Tode erschrocken.

»Lass das!«, keifte Lena.

»Schon gut!« Kevin kramte in seinem Rucksack, reichte Pia eine Mineralwasserflasche. »Nichts für ungut, mutiges Mädchen. Trink etwas und steh endlich auf, damit wir von hier wegkommen. Wir bringen dich als erstes zu einem Arzt.«

Pia sah ihn schweigend an, nahm das angebotene Wasser, roch daran und trank einige Schlucke.

»Du kannst die Tropfen nicht riechen«, grinste Kevin und zwinkerte ihr zu.

»Halt endlich dein Maul!«, fauchte Pia ihn an und erhob sich ächzend. Sie hatte Probleme, das Gleichgewicht zu halten, wollte jedoch keine Sekunde länger in diesem Haus bleiben. Lena stützte sie, sorgte dafür, dass sie nicht zu Boden stürzte. Als Kevin die Türe öffnen wollte, wandte er sich überrascht an die jungen Frauen. »Sie ist verschlossen«, stammelte er.

»Lass das endlich!«, schrie ihn Lena an und griff nach dem Knauf. Tatsächlich ließ er sich nicht drehen. Die Tür war verriegelt. In diesem Augenblick flackerte der Schein der Glühbirne.

»Was ist das?«, fragte Lena schreckensbleich.

»Weiß nicht«, erwiderte Kevin und rüttelte mit voller Kraft an der Türe. Unvermittelt winselte Jenny herzzerreißend und kratzte an der Wand, als wollte sie durch sie hindurch. Lena schrie auf, als die Glühbirne ausging und mit der Finsternis eisige Kälte in den Keller kroch. Noch einmal jaulte die winzige Hündin auf, dann wurde es still und ein tiefes Brummen setzte ein.

»Da ist es«, stammelte Pia. Es war das Letzte, was sie in ihrem Leben sagte. Auch für Lena und Kevin waren es die letzten Worte gewesen ...

Die drei Freunde wussten nicht, dass sie beobachtet worden waren. Beobachtet von einer Gestalt, die seit Ewigkeiten schon in diesem Haus wohnte, ihre Kindheit verbracht hatte und ihren Lebensabend. Selbst in ihrem Tode war sie dem Haus treu verbunden geblieben und sie schätzte Eindringlinge nicht ... Das Brummen war nur eine von vielen Möglichkeiten mit den Lebenden Kontakt aufzunehmen ... Aber bald würde es vorbei sein und wieder Ruhe einkehren. Endlich. Stille. Frieden. Tod.

## Die Rose

Es war einmal eine Rose. Sie stand in einem schönen ruhigen, sonnigen Garten und genoss ihr Leben. Sie hatte vier Triebe, die selbst zu wunderschönen Pflanzen heranwuchsen. Neben ihr befand sich eine hohe Schwertlilie. Die Rose mochte die Lilie schon seit langem und sie unterhielten sich oft. Durch die Jahreszeiten hindurch, auch wenn die Rose und die Lilie im kalten Winter schwach wurden, ihre Blätter verloren und froren, kamen mit den ersten Sonnenstrahlen im Frühling das Leben und die Gespräche zurück.

Die anderen Blumen im Garten wussten, die beiden waren ein Paar und gemeinsam mit den vier Jungpflanzen eine Familie. Es war ein schönes besinnliches Leben, Frühling, Sommer, Herbst und Winter, jahrein, jahraus. Alle Probleme vermochten sie zu lösen, so manchen Lausbefall hatten sie gemeinsam überstanden, auch die dunkelsten Frostnächte. Die Liebe zueinander war stärker als alle Widrigkeiten.

Auch als die steinalten Rosen im Garten verschwanden, die anderen Lilien keine Blüten mehr brachten, blieben die beiden beisammen und lebten die Liebe. Eines Tages bemerkte die Rose am Zaun eine neue Pflanze. Sie hatte sie zuvor noch nicht gesehen. Wer war sie, wieso war sie hier?

Eines Tages reckte sie ihren Kopf nach dem Neuling und sprach ihn an. Er war ein wunderschöner Ginkgo-Baum, jung und kräftig mit gelben Blättern, denn es war bereits der Herbst ins Land gezogen. Freundlich antwortete er auf alle Fragen, die sie hatte. Denn der Ginkgo kam von weit her, hatte viele Geschichten zu erzählen von einem fernen Land mit Bergen und Tälern, Flüssen und dem Ozean, Tempeln und Palästen. Die Familie der Rose wurde neugierig, sie gesellte sich auch zu dem jungen Baum. Es entstand eine innige Freundschaft zwischen der Rose, ihrer Familie und dem Ginkgo. Die Rose spürte eine tiefe Sehnsucht nach dem Ort, von dem der junge Baum erzählte, sie träumte jede Nacht davon, dieses ferne Land zu sehen.

Doch eines Tages verschwand der Ginkgo, genauso plötzlich, wie er gekommen war. Nur noch ein Loch war übrig, wo er gestanden hatte. Die Rose war sehr traurig, denn sie vermisste den freundlichen jungen Baum. Jeden Tag dachte die Rose an ihren Freund und blickte sehnsüchtig in den Himmel. Der Winter kam mit Frost und Schnee. Die Pflanzen schliefen ein, warteten die lange dunkle Zeit ab. Nie verloren sie die Hoffnung, dass es wieder Frühling würde.

Als die ersten Sonnenstrahlen die Rose aufweckten, war sie verwirrt. Wo war sie hingeraten, wo war ihr Garten? Ängstlich sah sie sich um. Ihre Familie war bei ihr, aber ihr Zuhause war verschwunden. Die Umgebung sah wunderschön, aber zugleich befremdlich aus. Die Rose war verunsichert. Wenigstens die Sonne war auch hier, an diesem seltsamen wunderlichen Ort mit fremden Bäumen, Sträuchern und Blumen. Plötzlich hörte sie ein vertrautes Rufen. War das nicht die Stimme ihres Freundes? Die des jungen Ginkgos? Wie war das möglich? Jetzt erst begriff die Rose, was geschehen war. Ihr Traum wurde erfüllt, sie war tatsächlich in ein fernes wunderschönes Land gereist, in die Heimat des Ginkgo-Baums. Nun konnte sie selbst die Wunder sehen, von denen der Baum berichtet hatte!

## Der Stadtausflug

»Ob das eine gute Idee ist?«, überlegt Stephanie kopfschüttelnd.

»Du musst ja nicht mitkommen.« Tinka sieht ihre ältere Freundin kurz an. »Mir ist langweilig, das weißt du. Wir wohnen hier schon seit geraumer Zeit, und das Leben ist kurz.«

»Genau«, mischt sich nun Bianca in das Gespräch ein. »Hier ist es so fad. Immer das Gleiche. Futtersuche, schlafen.«

»Ihr habt es schön hier, vergesst das nicht.« Rosie macht ein ernstes Gesicht. Sie ist die zweitälteste im Rattenclan und muss schon alleine aus diesem Grund sich auf Steffis Seite schlagen.

»Um was geht es denn hier?«, fragt nun Mimmi mampfend. Sie ist immerzu am Futtern, ihre Figur hat sich ihrer Angewohnheit angepasst. Ihr mausgraues Fell glänzt in der abendlichen Sonne.

»Ich möchte die große Stadt sehen!«, ruft Tinka aus. Ihre schwarzen Augen leuchten, ihre Schnurrbarthaare zittern.

»Du lebst in der Stadt«, seufzt Stephanie und weist mit ihrer Pfote rund um sich.

»Das ist ein verwilderter Garten, Steffi. Keine Stadt. Bloß ein Erdbau.«

»Wir haben hier alles, was wir brauchen.«

»Ich habe nichts von Übersiedeln gesagt.« Tinka sieht in die Runde. »Ich möchte nur einen Ausflug machen.«

»In die Stadt«, seufzt Rosie. »Weißt du nicht, dass Menschen Ratten hassen?«

»Ja, ja, wir werden mit den Tauben gleichgesetzt ...«

»Nein, schlimmer. Tauben werden von Menschen gefüttert, wir nicht. Wir werden vergiftet, verstehst du den Unterschied?«

»Ja.« Tinka überlegt für einen Moment. »Aber wir sind flink und wir werden uns nicht erwischen lassen.«

»Erwischen wobei?« Mimmi sieht verwundert in die Runde.

»Bei unserer Sightseeingtour.«

»Ich will auch mit«, meint Mimmi sofort.

»Nein, bitte nicht«, seufzt Bianca. »Wir werden viel laufen und uns durch enge Öffnungen quetschen müssen. Da können wir dich nicht brauchen.«

»Was soll das heißen?« Mimmi sieht Bianca böse an. »Ich bin fit.«

»Wer das schon glaubt«, schnaubt Tinka.

»Hört auf damit!«, ruft Stephanie. »Mimmi, du bleibst besser bei uns. Wir brauchen dich hier, du bist jung und hast ein gutes Gehör und ....«

»... eine gute Nase«, setzt Rosie fort. »Stephanie und ich

sind alt, das weißt du, und ...«

»Hab schon verstanden.« Mimmi nimmt sich eine Nuss und knabbert genüsslich daran.

»Wir werden euch etwas mitbringen«, murmelt Bianca. »Ein Souvenir.«

»Wenn wir was finden«, erklärt Tinka kopfschüttelnd. Diese Idee ihrer Schwester gefällt ihr gar nicht. »Also wir machen uns in der Abenddämmerung auf den Weg. Folgen dem Bachlauf stadteinwärts und dann ...«

»Was, dann?«, fragt Stephanie leise.

»Wir verlassen uns auf unseren Instinkt.«

»Ja, wir sind die Entdecker, wir machen eine Expedition«, freut sich Bianca und reibt ihre Pfötchen aneinander. Sie ist eine schöne Ratte mit ihrem hellgrauen samtigen Fell und dem rosa Näschen.

»Wir werden vor morgen Abend nicht zurückkommen, okay?«, überlegt Tinka.

Stephanie sieht kurz zu Rosie, die den Kopf gesenkt hält, danach seufzt sie laut und nickt. »Passt gut aufeinander auf.«

»Werden wir!«, ruft Tinka. »Komm Bianca!«

»Ich halte die Stellung und achte auf die beiden alten Damen!«, ruft Mimmi schmatzend den Jungratten nach.

»Wo sind wir?«, fragt Bianca Tinka. Sie sitzt vor einer hohen Steinsäule und sieht hinauf. Es ist bereits finster, aber die Säule glänzt im Mondenschein. »Ist das die Stadt?«

»Unsinn. Das ist eine Wegsäule der Menschen. Sie heißt

»Spinnerin am Kreuz«.«

»He?«

»Na, irgendein Kunstwerk.«

»Das ist nicht die Stadt?«

»Nö, Bianca. Wir sind am Stadtrand. Beim Friedhof.«

»Aha. Von – wie heißt die Stadt nochmal?«

»Wiener Neustadt. Du wohnst hier.« Tinka sieht ihre Schwester genervt an. Ja, Bianca, Tinka und Mimmi sind Geschwister, Rosie und Stephanie ihre alten, mütterlichen Freundinnen. Sie haben sich durch Zufall in einem einsamen, verwilderten Garten gefunden.

»Und wie gehen wir weiter vor?« Bianca sieht sich um.

»Wir folgen der Hauptstraße. Sie führt uns in die Stadt.«

»Sag mal, woher weißt du das alles?«

»Von der Krähe Konstantin.«

»Konstantin? Wer ist das schon wieder?«

»Stell dich nicht so doof an. Er ist eine Krähe, sie weiß alles. Konstantin kennt Wiener Neustadt in- und auswendig.«

»Wieso?«

»Weil er vieles von den Menschen hört und sieht – aus der Vogelperspektive. Er ist sehr klug und kulturinteressiert.«

»Was du nicht sagst«, schnieft Bianca resignierend. »Gehen wir?«

»Ja, komm, dort vorne ist die Hauptstraße.«

Rasch flitzen die Ratten am Gehsteig dahin. Tinka hätte auch die Kanalisation wählen können, aber die Gefahr sich zu verlaufen ist zu groß, außerdem möchte sie etwas sehen und nicht sich in den schmutzigen Kanälen – im Abwasser der Menschen – aufhalten.

»Wie weit ist es noch?«, schnauft Bianca nach einigen langen Minuten.

»Keine Ahnung. Wir sind da, wenn zwei Straßen zusammenführen und rechter Hand ein großer Platz ist – mit Tauben auf den Dächern.«

»Das hat Konstantin gesagt?«

»Nein, das weiß ich von unserer Tante.«

»Wie bitte? Wir haben eine Tante in der großen Stadt?«

»Ja, und ich möchte sie besuchen.«

»Wieso sagst du das erst jetzt?«

»Weil ich es vor Mimmi nicht erwähnen wollte. Dann hätten wir sie mitnehmen müssen.«

»Verstehe. Wie heißt die Tante? Wieso kenne ich sie nicht?«

»Wir haben so viele Verwandte, Bianca, die wir nicht kennen.«

»Sagst du mir jetzt bitte ihren Namen?«

»Kleopatra.«

»Oh. Gehört sie zum Koboldclan?«

»Ja. Genau.«

»Aber dann wohnt sie in der Nähe vom Hauptplatz unserer Stadt.«

»Richtig, der Platz mit den Tauben auf den Dächern.«

»Oh mein Gott, das schaffen wir nicht. Das ist zu gefährlich.«

»Papperlapapp. Unsinn. Kein Problem für uns.«

»Aber ...«

»Sei kein Feigling! Sieh mal, da ist nicht viel los, nur ein paar von diesen Autos, keine Fußgänger.«

»Autos reichen mir. Sie haben so große helle Augen.«

»Scheinwerfer. Autos sind nicht lebendig, Bianca. Es sind Fahrzeuge für die Menschen. Sie können nicht so flink und lange laufen wie wir. Sie benötigen Fortbewegungsmittel. Also Mittel zur Fortbewegung.«

»Schon klar.«

Die Rattenschwestern machen erst halt, als sie einen Menschen erblicken. Ein großes zweibeiniges Wesen, das auf sie zugestakst kommt.

»Was machen wir jetzt?«, kreischt Bianca entsetzt.

»Wir biegen dort vorne ab und nehmen die Seitengassen. Schnell, bevor der Mensch uns sieht!«

Flink trippeln die Rattenschwestern um die nächste Ecke und drücken sich an die Hausmauer. Nach einigen Minuten hetzten die beiden weiter. Tinka bleibt an jeder Straßenecke stehen und hält ihre kleine Rattennase in die Luft. Bianca sieht ihr stumm und ängstlich zu.

»Da lang!«, meint Tinka. Einige Sekunden später, wieder das gleiche Schauspiel.

»Dort lang.« Und wieder.

»Sag mal, kennst du dich überhaupt noch aus?«

»Natürlich. Dort ist die Kirche und da müssen wir rechts rüber.«

»Was ist eine Kirche?«

»So ein Gebäude mit einem Turm drauf.«

»Oh.« Bianca sieht die Kirche und läuft darauf zu.

»Stop! Da ist eine Straße!«

Doch Bianca saust hinüber. Wie ein Schatten in der Nacht. So wie es nur Ratten können.

»Bist du wahnsinnig?« Tinka ist sauer.

»Nein, sieh mal, da sind Bäume. Wie zu Hause in unserem Garten.«

»Wir wollten doch etwas anderes sehen«, seufzt Tinka kopfschüttelnd.

»Ich wusste gar nicht, wie schön wir es daheim haben.« Bianca sieht in die Baumkronen. Sie spürt den sanften Wind in ihrem Fell, das Gras unter ihren Pfoten. »Es ist so vertraut, so schön.«

»Bianca, wir müssen weiter.«

»Lass uns hier ein bisschen ausruhen, gut?«

»Aber Tante Kleopatra erwartet uns. Konstantin hat ihr gesagt, wann wir kommen werden.«

»Ich mag aber nicht.«

»Bitte, Schwesterherz, komm weiter. Es ist nicht mehr weit. Ich verspreche dir wundervolle Ansichten unserer Stadt. Einzigartig.«

»Woher willst du das wieder wissen?« Bianca gähnt herzhaft.

»Konstantin, Kleopatra, Agatha, Mathilde, Siegfried, Brunhilde, ...«

»Gut, ich komm ja schon.«

»Geradeaus und dann sind wir da.«

»Du hast wirklich viele Freunde, Tinka«, murmelt Bianca, während sie sich der großen, breiten, vierspurigen Straße nähern.

»Ich kenne viele Tiere und rede gerne«, überlegt Tinka leise. Sie weiß, dass es ihre Schwester etwas traurig macht. Bianca ist nicht so extrovertiert. »Ich werde von nun an dich zu meinen Freundestreffen mitnehmen.«

»Wirklich und Mimmi auch?«

»Sicher. Komm jetzt. Wir müssen über die Straße. Folge mir.« Die Ratten stehen direkt vor der Fußgängerampel. Kein Mensch ist zu sehen. »Warte noch einen Moment.« Tinka starrt auf die Ampel. Bianca sieht nur die bunten Lichter, versteht aber nichts. Diesmal hält sie sich an ihre Schwester und wartet geduldig ab.

»Los komm!«, ruft Tinka. »Lauf!«

Kurze Zeit später befinden sich die beiden Ratten auf dem Hauptplatz von Wiener Neustadt. Staunend trippeln sie auf die Mariensäule zu.

»Da sind graue Menschen«, stammelt Bianca im Licht der Straßenlaternen. »Sie sind dort oben und rühren sich nicht. Sind sie tot?«

»Das sind Statuen«, ruft jemand unvermittelt, noch bevor Tinka ihrer Schwester antworten kann. Ein schwarzer

Schatten nähert sich rasch. Bianca wagt nicht, aufzusehen, sie ist erstarrt. Tinka jedoch hüpft auf das Ungetüm zu. »Konstantin!«, ruft sie entzückt.

»Hallo, Tinka!« Die Krähe neigt den Kopf zum Gruß. »Schön, dich zu sehen, ich habe dich und deine Schwester bereits erwartet.« Konstantin breitet die Flügel aus. Tinka berührt Bianca kurz und flüstert ihr etwas ins Ohr.

»Dein Freund Konstantin?«, erwidert Bianca zitternd.

Bianca sieht kurz auf. Ein Vogel, kohlrabenschwarz, mit glitzerndem scharfen Schnabel und glänzenden Augen.

»Hi, Bianca!«, begrüßt er sie. »Schon viel von dir gehört.«

»Hallo!«, versucht Bianca hervorzubringen, aber es wird nur ein gehauchtes »H ...«.

»Sehe ich so schrecklich aus?«

Bianca starrt das Tier bewegungslos an.

Währenddessen sieht sich Tinka um. Die Mariensäule ist imposant, daneben der Marienmarkt, dann das Grätzl – eine Ansammlung von Häusern in der Mitte des Platzes. Faszinierend. Dort drüben das alte Rathaus, rosa. Wie schön! Oh, eine Straße führt vom Platz weg. Was es da wohl zum Entdecken gibt? Sie wendet sich der anderen Seite zu. Hm, alte große Häuser mit Arkaden. Aja, dort sind die Dächer, auf denen die Tauben wohnen. Genau. Und hier muss die Straße sein, wo Tante Kleopatra zu finden ist. Bei einer alten Kirche. Dem Wiener Neustädter Liebfrauendom. Was für ein Name! Tinkas Augen leuchten bei all den Dingen, die sie sieht.

»Geht's wieder?«, fragt Konstantin inzwischen Bianca. »Ich bin harmlos, auch wenn ich nicht so aussehe. Alles, was mich interessiert, sind die menschliche Spezies und ihre wunderbaren Kunstschätze. Oh, ich wünschte, ich wäre ein Mensch.«

»Wie bitte?«, wispert Bianca endlich. »Diese nackten, komischen, zweibeinigen Gestalten? Wirklich? Die können doch nicht einmal fliegen oder flink laufen.«

»Das mag wohl stimmen, meine kleine Rattenfreundin, aber sie sind so klug. Sie machen wundervolle Musik, können mit ihren Händen Kunstwerke erschaffen, mit ihren Gehirnen Dinge erfinden ...«

»Ich unterbreche nur ungern eure Unterhaltung, aber wir müssen weiter.« Tinka wirkt mit einem Mal ungeduldig. »Die Morgendämmerung setzt bald ein. Wir brauchen einen Unterschlupf.«

»Was?«

»Es wird gefährlich in der Stadt bei Tageslicht«, erklärt Konstantin Bianca. »Die Menschen – sie mögen keine Ratten. Sorry.«

»Ach ja. Ich weiß«, schnieft Bianca. »Hat mich gefreut.« Sie winkt der Krähe zum Abschied. An sich ein feiner Kerl, dieser Konstantin.

»Man sieht sich!«, ruft die Krähe dem Rattenpaar nach.

Rasch trippeln die beiden Tiere weiter. Unter die Arkaden, an der Hausmauer entlang, danach nach rechts. Sie huschen von einer Deckung zur anderen. Erst als sie vor dem großen Dom stehen, halten sie inne. Das Kirchenschiff ist riesig, und erst die beiden steinernen Türme! Wie hoch sie wohl sein mögen?

»Was ist Tinka? Wo ist Kleopatra.«

Tinka sieht sich um. Der Spielplatz. Der Dom. Der Brunnen. Sie muss sich eingestehen, sie weiß nicht, wo die Tante genau wohnt. Wie soll sie das ihrer Schwester erklären?

»Tinka?«

»Ich weiß nicht genau, wohin wir jetzt müssen.«

»Wie bitte?« Bianca ist entsetzt. Die Sonne geht bereits im Osten auf und sie sitzen vor einer Kirche im Herzen einer Stadt. Das ist der absolute Irrsinn. Sie sind Ratten, des Menschen Feinde!

»Lass mich nachdenken.«

»Wir müssen heim!«, ruft Bianca hysterisch, als die Tauben aufflattern. Ein Fahrzeug brummt über den Domplatz.

»Das können wir nicht, es ist Tag, Bianca. Die Menschen würden uns sehen, außerdem bin ich todmüde.«

»Ich auch«, überlegt Bianca entsetzt. Ja, als Ratte ist man nachtaktiv und untertags müde. »Wir brauchen einen Unterschlupf.«

»Darum geht es ja.« Tinka ist zum ersten Mal in ihrem Leben mulmig zumute.

»Kinder, was macht ihr beiden da?«, fragt eine Stimme plötzlich.

Erschrocken wenden sich die Rattenschwestern um. Kleopatra! Die Tante!

»Steht nicht so da, kommt schnell. Ich habe euch bereits erwartet.« Kleopatra winkt die beiden Rattenmädchen zu sich. Sie huschen um die Kirche herum, über den Parkplatz zu einer Grünfläche mit Büschen. Sie folgen Kleopatra ein Stück am Randstein, dann zu einem Kanalgitter. Kleopatra verschwindet zwischen den Gitterstäben. Tinka und Bianca halten inne. In den Kanal? Ist ihre Tante etwa eine Kanalratte?

»Kommt, Kinder! Die Sippe erwartet euch.«

»Der Koboldclan!«, wispert Bianca ehrfürchtig ihrer Schwester zu.

Tinka nickt halbherzig. »Kanalratten«, erwidert sie angeekelt. Das hat ihr keiner gesagt. Aber die Sonne beleuchtet bereits den gesamten Platz und die Schatten werden kürzer, sie haben keine Zeit mehr zu verlieren, denn das geschäftige Leben der Menschen hat bereits begonnen. Schon fährt ein Auto auf das Kanalgitter zu. Flink huschen die Ratten durch die Stäbe hindurch und folgen Kleopatra durch die Kanalisation.

»Da wären wir«, bemerkt die ältere Ratte zufrieden. Ein Rattennest mit vielen Einwohnern. Schmuddelig und geruchsstark. Tinka ist entsetzt. Jetzt möchte sie auch nach Hause in ihren Garten. Aber es ist zu spät. Sie werden sich hier einen Schlafplatz suchen müssen, und Futter. Menschenfutter, vergammeltes, schimmliges, stinkendes, ranziges Essen. Tinka schluckt und sieht zu ihrer Schwester, die ebenfalls die Nase rümpft.

»Sie sind da!«, ruft Mimmi mitten in der Nacht, während sie an einer Gartengurke knabbert.

»Oh wirklich!«, freut sich Rosie, als sie die Rattenschwestern durch das Gras streifen hört. »Bianca, Tinka!«, ruft Stephanie sofort aus. »Mädels, schön, das ihr wieder da seid.«

»Hallo!«, seufzt Bianca sichtlich geschafft. Sie hockt sich ins Gras zu ihrer Schwester Mimmi und bittet sie um ein Stück saftige Gurke. Genussvoll und mit geschlossenen Augen beißt sie ab. »Was ist los mit dir?«, wundert sich Mimmi. So hat sie ihre Schwester noch nie gesehen.

»Ich freue mich so«, weint Tinka, als sie den alten Ratten um den Hals fällt. Auch Mimmi umarmt sie herzlich.

Mimmi sieht vollkommen verwirrt zu Rosie und Stephanie. Sind ihre Schwestern übergeschnappt? Was ist ihnen in der Stadt passiert?

»Alles in Ordnung mit euch?«, erkundigt sich Stephanie in besorgt mütterlichem Ton.

Beide Ratten nicken mit Tränen in den Augen.

Stephanie sieht zu Rosie. Nachdenklich.

»Was ist geschehen?«, fragt diese neugierig und verwirrt zugleich.

»Kleopatra ist eine Kanalratte.«

»Wer zum Kuckuck ist das?«, fragt Mimmi.

»Eure Tante«, erwidert Rosie. Sie kennt Kleopatra von früher.

»Oh«, murmelt Mimmi nur. »Da hatte ich ja Glück, dass ich zu Hause geblieben bin.«

»Ja, das hattest du.« Tinka zwinkert ihrer Schwester zu.
»Daheim ist es am schönsten.«
»Ja, so ist es.« Bianca reicht Tinka ein Stück Gartengurke.

Stephanie und Rosie sind zufrieden, denn der Ausflug hatte sein Gutes. Er hat die beiden Schwestern gelehrt, ihr Zuhause endlich zu schätzen ...

## Die Taube

Mitten in der Nacht erwachte sie schweißgebadet. Was hatte sie aufgeweckt? Ein Geräusch? Sie starrte in die Dunkelheit. Da hörte sie es: Ein Klopfen an der Scheibe. Danach wieder unangenehme Stille.

Ihr Schlafzimmer befand sich im ersten Stock ihres Einfamilienhauses inmitten eines wunderschönen Gartens. Hohe, alte Bäume. Eine Tanne, ein steinalter Nussbaum mit riesenhaften Nüssen, einigen kahlen Obstbäumen, denn es war November und schon ziemlich kalt.

Jasmin lauschte in die Dunkelheit. Der Wind rüttelte an den Fensterläden, sie konnte sein Sausen und Brausen deutlich hören. Irgendetwas muss heruntergefallen sein, beruhigte sich die Mittvierzigerin, zog die Decke höher und rollte sich zur Seite. Sie lebte alleine in dem Haus. Ihr Mann hatte sie verlassen, ihre einzige Tochter war bereits ausgezogen. Jetzt hatte sie nur ihre Katzen. Und die Hühner im Garten.

Sie war bereits am Einschlafen, als es erneut und deutlich an der Fensterscheibe klopfte. Jetzt schaltete Jasmin das Licht ein, denn an Schlaf war nicht mehr zu denken. Nein, sie musste der Sache auf den Grund gehen! Ein loser Ast? Aber die Bäume standen nicht so knapp am Haus. Ein lockerer Ziegel. Möglich. Jasmin zog die Vorhänge zur Seite. Aber sie konnte nichts sehen, weil sich das Licht ihrer Nachttischlampe im Glas spiegelte. In dem Moment, als sie das Licht ausschalten gehen wollte, klopfte es erneut an die Scheibe. »Lass mich rein!«, flüsterte es. Jasmin überkam ein eiskalter Schauder. Wer hatte da gesprochen? Wurde sie wahnsinnig?

»Bitte!«, raunte es durch das gekippte Fenster. Jasmin schlief selbst bei Temperaturen um den Gefrierpunkt mit offenem Fenster. Sie liebte die frische, kalte Luft in ihrem Schlafzimmer.

Abermals klopfte es. Diesmal penetranter. Doch Jasmin hatte zuviel Angst, um sich umzudrehen und zum Fenster zu sehen.

»Bitte, hilf mir«, flehte das Stimmchen. »Er ist hinter mir her. Bitte.« Ein Schluchzen und Heulen. Danach die Worte: »Bei dir bin ich sicher. In deinem Haus, bei deinen Katzen. Deine Hühner, sie sind bereits tot.«

Was? Jasmin fuhr wie der Blitz herum, hechtete zum Fenster und öffnete es, um zum Hühnerstall sehen zu können. Ein Vogel saß vor ihr auf der Fensterbank. Eine Taube. Ihr Gefieder war seidig und weiß. Sie hatte einen kleinen, zarten Schnabel wie alle Tauben. Sie flatterte mit einem »Danke« auf den Parkettboden und verschwand unter Jasmins Bett.

»Schließe das Fenster!«, rief das Tier panisch. Doch Jasmin versuchte, den Hühnerstall zu erblicken. Alles lag ruhig vor ihr. Keine Gefahr. Aber diese Taube. Sie konnte mit ihr sprechen. Jasmin rieb sich die Augen. Sie hatte mit Sicherheit geträumt, denn die weiße Taube konnte sie nicht mehr sehen. Sie war verschwunden.

Jasmin wollte soeben wieder zu Bett gehen, als der Ruf eines Vogels, der durch die Dunkelheit der Nacht anschwoll, sie fast zu Tode erschreckte. Ein Raubvogel! Hier bei ihr im Garten inmitten der Stadt?

Im Augenwinkel sah sie einen mächtigen Schatten durch den Garten fliegen. Sie konnte das Rauschen der Federn hören. Abermals ertönte der Ruf. Nein, es war keine Eule, sondern ein mächtiger Vogel, ein Adler! Jasmin sah das schattenhafte Tier gegenüber auf der Tanne sitzen. Seine Flügelspannweite war größer als das geöffnete Fenster. Sein Schnabel mächtig, seine Klauen riesig und todbringend. Seine Augen leuchteten durch die Finsternis. Sein Ruf ließ Jasmin das Blut in den Adern gefrieren.

»Das Fenster!«, schrie die Taube. Der Raubvogel lauschte einen Augenblick, wandte den Kopf. Plötzlich schwang er seine Flügel, stieß Jasmin zur Seite und landete auf ihrem Bett. »Wo ist sie?«, fragte er mit tiefer melodischer Stimme.

Jasmin war komplett verwirrt und starr vor Schreck.

»Ich weiß, dass sie hier ist. Hier bei dir. Wie es das Orakel prophezeit hat. Wenn du sie weiterhin vor mir versteckt hältst, wirst du sterben.«

Jasmin brachte jedoch kein Sterbenswörtchen heraus. In dem Augenblick, als sich der Adler auf sie stürzen wollte, schlug sie die Augen auf und ...

Jasmin lag in ihrem Bett. Die blasse Sonne schien in das Schlafzimmer. Was für ein irrer Traum! Die Frau strich sich die Haare aus dem Gesicht und stand auf.

»Miau«, ertönte es. »Miau.« Eine ihrer Katzen saß in der Türe und maunzte. Wieso stand die Türe offen? Sie schloss sie doch jede Nacht. Seltsam. Jasmin schüttelte den Kopf. »Was ist los, Mia?«, fragte die Frau. »Hast du Hunger?«

Jasmin suchte nach ihren Hausschuhen. Was machte die weiße Feder in ihrem Schuh? Seidigweich und schön.

»Charly!«, schrie sie entsetzt, als sie ihren Kater inmitten von Federn unter ihrem Bett sah. »Raus da!« Wie waren die beiden Katzen in ihr Zimmer gelangt? Sie schliefen doch unten im Wohnzimmer bei verschlossener Tür. Wieso hatten sie ihre Beute unter ihr Bett getragen? Jasmin nahm eine Feder in die Hand und betrachtete sie im Licht.

Der Traum! Die Taube! Der Adler! Oh mein Gott!, schrie sie innerlich auf. Sie holte einen Besen, verscheuchte die Katzen und kehrte die Federn unter dem Bett hervor. Keine tote, zerfleischte Taube kam zum Vorschein. War sie entkommen? Oder hatten ihre Katzen sie gefressen? Jasmin überkam ein eiskalter Schauder. Trotzdem machte sie Ordnung in ihrem Zimmer und saugte mit dem Staubsauger die letzten Federn weg.

Dann wandte sie sich dem Fenster zu, öffnete es und schaute in den Garten. Alles in Ordnung. Sie atmete durch. Seltsamer Traum! Doch dann erblickte sie den Hühnerstall, das Freigehege. Federn, soweit das Auge reichte. Tierkadaver. Ihre Hühner! Alle tot! Jasmin rannte die Treppe hinunter, hinaus in den Garten. Mit Tränen in den Augen sah sie sich das Gemetzel an. »Wieso?«, schrie sie, wie von Sinnen. »Wieso?«

Als der alte Nachbar auf das Geschrei aufmerksam wurde, sah er Jasmin scheinbar leblos neben dem Hühnerstall liegen. Er verständigte sofort die Rettung. Aber der herbeigerufene Notarzt konnte nur noch Jasmins Tod feststellen. Vermutlich hatte sie einen Herzinfarkt. Der alte Mann stand betrübt am Zaun und beobachtete die Rettungsleute.

Die Hühner liefen im Stall munter auf und ab und suchten Futter. Wieso Jasmin so laut geschrien hatte, konnte er sich nicht erklären. Doch dann fiel sein Blick auf den alten Nussbaum. Eine schneeweiße Taube saß dort und putzte ihr Gefieder. Sie war wunderschön.

Plötzlich schaute das Tier mit seinen sanften dunklen Augen auf den alten Mann herunter. »Jasmin wurde vom Geistervogel getötet«, hauchte es. Der alte Mann rieb sich die Augen. Hatte die Taube soeben mit ihm gesprochen? Geistervogel? Was für ein Unsinn! Als er wieder zum Nussbaum sah, war die Taube verschwunden.

## Die Treppe

Die roten Flecken, die ins Holz der Treppe eingesickert waren und glänzten, verunsicherten sie. Bianca biss die Zähne zusammen und stieg vorsichtig weiter hinauf. Sie ließ ihre rechte Hand über das alte Holzgeländer gleiten. Es fühlte sich trotz der Sonneneinstrahlung eiskalt an.

Was sollte schon geschehen? Eine Treppe mitten im Wald? Ja, das war höchst unheimlich, zumal sie nirgends hinführte. Sie war einfach nur da, mitten in der Natur. Wer hatte sie gebaut? Wozu? Dieses Phänomen war wirklich gruselig. In Nordamerika gab es mehr davon – in Nationalparks. Staircases in the Woods.

Bianca liebte Geistergeschichten, unheimliche Dinge. Sie war stets auf der Jagd. Kaum hatte jemand in den einschlägigen Internetforen etwas scheinbar Paranormales gepostet, war sie bereits vor Ort. Aber zu ihrem Leidwesen war das Meiste ausgedachter Unsinn und hatte nun wirklich nichts mit übernatürlichen Geschehnissen zu tun.

Sie hielt auf der vorletzten Stufe inne und schaute sich um. Sie war auf der Höhe der Baumkronen des dichten Laubwaldes. Vögel zwitscherten, die Sonne blinzelte zwischen den saftig grünen Blättern hindurch. Eine leichte Brise strich Bianca übers Gesicht. Sie fröstelte. Eine Treppenstufe galt es noch zu erklimmen. Was würde geschehen? Na, gar nichts, wie immer, spottete ihre innere Stimme.

Wieso fiel es ihr so schwer, den Fuß zu heben und weiter zu gehen? Warum zog es sie nach unten, sie hatte das Gefühl, sofort die Flucht ergreifen zu müssen. Ihre Armhaare sträubten sich, als sie ein Hauch kalter Luft streifte. Sie konnte das heftige Zittern nicht unterdrücken, als sie nun den Fuß auf die letzte Stufe setzte.

Unsicher und schwankend stand sie in luftiger Höhe auf der Treppe und sah in den Abgrund vor ihr. Irgendetwas war anders. Bianca rieb sich die Lider. Ein Aufwind, wie unter einem Wasserfall, trieb ihr einen Schauder über den Rücken. Sie hielt sich am Geländer fest, um nicht zu stürzen. Dort unten, was war das? Direkt unter ihr? Vorher als sie die Treppe umrundet hatte, war nichts hier gewesen. Aber jetzt?

Bianca wurde augenblicklich speiübel. Inmitten von dunkelrotem Laub lag eine Frau in weißem Kleid. Aber das Weiß war rot gesprenkelt und gefleckt. War das ein Messer in ihrem Rücken? Ein Dolch? Nein, das konnte nicht sein. Nein! Eine Bewegung. Ein dunkler Schatten, der sich von der Frau erhob, das Sonnenlicht schluckte und zu ihr hinaufkletterte. Diffus und eisig. Ein Geräusch hinter ihr. Stimmen? Bianca konnte jedoch den Blick nicht von dem aufsteigenden Schatten lösen. Bald würde er sie erreicht haben. Ihre Haare sträubten sich. Die Stimmen wurden lauter, kamen näher.

»He, kommen Sie da runter!«, rief jemand hinter ihr. »Los, das ist Privateigentum. Niemand darf auf diese Stufen, wissen Sie das nicht?«

Bianca erwachte aus ihrer Trance, wandte sich um und hetzte wie von Wölfen gejagt die Treppe hinunter. Sie übersah eine Stufe und stürzte in das weiche Gras. Zitternd blieb sie sitzen. Die hölzerne Treppe stand ruhig und starr hinter ihr inmitten des Waldes. Vögel zwitscherten, sangen ihre Frühlingslieder. Bianca rappelte sich vorsichtig auf. Ein Stich von ihrem Knöchel ausgehend durchzuckte ihren gesamten Körper. Doch sie blieb stumm.

»In letzter Sekunde«, murmelte ein alter Mann zu seiner jugendlichen Begleiterin. Sie standen nicht weit von Bianca entfernt und starrten auf die Treppe. Die Frau schien tieftraurig, ihr blasses hübsches Gesicht war sehr ernst. Dann wandten sich die beiden um, ohne auch nur einen Blick oder ein Wort mit der jungen Frau am Fuße der Treppe zu wechseln und gingen davon, verschwanden hinter den Bäumen. Seltsames Pärchen. Er schien ein alter Jägersmann zu sein. Die dunkelgrüne Tracht, die silbernen dazupassenden Knöpfe, der Hut mit dem Gamsbart, die geschulterte antike Schrotflinte. Die Frau an seiner Seite trug geflochtene Zöpfe und ein wunderschönes Dirndl. Ungewöhnlich. Vater und Tochter direkt von einem Trachtenball inmitten eines Waldes im Nirgendwo? Privateigentum? Abermals sah Bianca zur Treppe.

Oh nein, die weißgekleidete Frau, der Schatten, das Blut! Bianca nahm ihren gesamten Mut zusammen, ignorierte ihren verletzten Fuß, auch wenn ihr die Schmerzen Tränen in die Augen trieben und humpelte um die Holztreppe herum. Laub, Erde, Zweige, Insekten, aber keine Leiche und kein Schatten – nichts. Die Treppe knarrte plötzlich unheilvoll. Bianca sah auf, wich einige Schritte zurück und traute ihren Augen nicht. Die Treppe versank langsam im Erdboden. Minuten später war sie verschwunden, nichts mehr von ihr zu sehen. Der Wald lag friedlich da, alles schien normal. Bianca schüttelte den Kopf und humpelte verwirrt durch den Wald davon. Irgendwann, sie konnte nicht mehr, fiel ihr ein, dass sie ein Handy bei sich trug. Sie rief ihren Freund an, der sie dann gegen Abend endlich fand, um sie nach Hause zu bringen.

Bianca fand Wochen später nach eingehender Recherche heraus, dass in jenem Waldstück vor langer Zeit ein Haus gestanden hatte, ein Schlösschen. Es fiel vor über zweihundert Jahren einem verheerenden Brand zum Opfer. Es wurde total zerstört. Bewohnt wurde es seinerzeit von einer adeligen Familie. Überall, wo jetzt dichter Wald war, gab es damals Ländereien, bewirtschaftete Höfe, Wiesen und Felder. Diese Familie war sehr wohlhabend. Bianca entdeckte im Internet ein Gemälde der Familie. Eine weiß gekleidete Frau schaute ihr aus dem Bild mit hasserfüllten Augen entgegen. Ein stattlicher Mann hatte seinen Arm um ihre

Schultern gelegt. Drei Kinder umgaben das Paar. Ein Mädchen und zwei Buben.

Das Mädchen trug geflochtene Zöpfe und ein Dirndl. Bianca schluckte und rieb sich die Augen. Die Frau? Das Mädchen? Bianca war sich sicher. Sie hatte zum ersten Mal eine Begegnung der unheimlichen Art gehabt.

# Die weiße Hexe

Der Sumpf scheint unendlich. Kobaltblaue Dämpfe machen ihn mystisch und unwirklich. Ein Blubbern in der Ferne lässt Crystema erschaudern. Nach einigen Sekunden atmet sie aus. Da ist nichts. Große mächtige Blütenköpfe bedecken ihren Körper, machen sie unsichtbar, verstecken sie. Glücklicherweise. Ansonsten wäre sie bereits tot. Was geschehen ist? Ein heimtückischer Angriff auf sie, eine junge sanftmütige Frau, die auf Wanderschaft ist. Sie hat niemandem etwas getan, hat sich nichts zuschulden kommen lassen. Bei ihrem Volk ist es üblich, ab einem Alter von zwanzig sein Elternhaus zu verlassen und fortzugehen.

Sie ist bereits seit guten drei Monaten unterwegs, hat viel erlebt und erfahren. Alles ist gut gelaufen – bis jetzt. Niemand hat ihr gesagt, dass es gefährlich werden könnte. Nun liegt sie von Blüten bedeckt auf dem Erdboden, kaum fähig, ihre Selbstheilungskräfte zu aktivieren. Vorsichtig und lautlos setzt sie sich auf. Ihr ist schwindlig. Was hat sie getroffen? Oder wer? Ihr wird heiß, als sie die Wunden betrachtet, die ihr der Angreifer zugefügt hat. Das wird nicht von alleine weggehen, daran wird sie sterben. Erst jetzt, nach dem ersten Schock, erkennt sie den Ernst ihrer Lage. Sie benötigt Hilfe.

Einen Heiler. Oder eine Hexe. Sie sieht sich um. Sie ist alleine. Die Sonne steht über dem Horizont, bald wird sie in den blauen Dämpfen verschwinden und dann gnade ihr Gott! Das Moor bei Dunkelheit! Die Geister werden kommen, unweigerlich. All jene Seelen, die in diesem Gebiet verstorben sind oder getötet wurden, bei der letzten großen Schlacht. Nein! Sie gerät zusehends in Panik, versucht aufzustehen und verlässt ihre Blütenmeerdeckung. Alles dreht sich. Egal. Sie muss hier weg! Aber wo lauert die Gefahr? Sie humpelt mit letzter Kraft zu einem Baumstamm, hält sich an der harzigen Rinde fest und sieht sich erneut um, lauscht. Sie ist alleine. Kein Tier, kein Mensch ist an diesem Höllenort. Weg von hier! Ein Schritt, dann noch einer. Sie stöhnt unter der immensen Anstrengung, aber sie zwingt sich, nicht aufzugeben, zumindest noch nicht sofort. Doch plötzlich ist ihr schwarz vor den Augen und sie kippt nach vorne.

»Nein«, seufzt jemand. »Siehst du das?«

»Was? Wo?« Das katzenähnliche Tier sieht sich um.

»Du bist ganz schön blind, mein Freund«, wispert es neben ihm.

»Ich weiß ja nicht einmal, wo du gerade bist. Kannst du mit deinem Zauber endlich aufhören?« Rasper ist verärgert.

»Ich bin ein magisches Wesen, mein Lieber.« Jemand streicht der Riesenkatze über den großen flauschigen Kopf.

»Nimm endlich Gestalt an«, seufzt Rasper und schüttelt sich.

»Da bin ich!« Eine schlanke Frau steht plötzlich neben ihm. »Zufrieden?«

»Ja. Aber du hättest auch eine andere Form annehmen können, zum Beispiel die eines ...«

»Lass das. Dort vorne ist weißer Rauch. Siehst du ihn endlich?«

»He, es ist finster.«

»Man kann ihn trotzdem sehen«, seufzt die Frau tief. Ihr Freund ist manchmal etwas mühsam.

»Oh ja«, meint Rasper plötzlich und macht einen Satz nach vorne auf den Rauch zu. »Sie stirbt!«, ruft er entsetzt.

»Ja, das denke ich auch. Deshalb der Rauch. Das Leben verlässt sie.« Sie kniet sich zu der fast leblosen Gestalt am Boden. »Sie wurde von dunkler Magie angegriffen.«

»Sie gehört doch dem Volk der Clemenier an. Wer sollte denn so ein sanftmütiges unschuldiges Wesen mit schwarzer Magie verwunden wollen?«

»Ich weiß es nicht. Dieses Mädchen war doch gewiss nur auf Wanderschaft.«, seufzt die Frau. »Lass uns versuchen, sie zu retten.«

»Wie bitte?«

»Sie ist noch jung, Rasper. Wir können sie doch nicht einfach sterben lassen.«

»Sie ist schon tot«, raunt das Katzentier. »Sieh mal, der Rauch wird immer weniger.«

»Vergiss nicht, die Clemenier haben enorme Selbstheilungskräfte.«

»Aber die helfen doch nicht gegen schwarze Magie, Kuni. Und außerdem ...«

Aber Kuni hat sich bereits in Gebetsposition begeben und gibt tiefe brummende Geräusche von sich.

»Du holst Hilfe aus dem Geisterreich?«

Kuni nickt.

»Oh, nein«, wispert das Tier erschrocken und kneift die Augen zu. Nein, er will nicht sehen, was folgen wird.

Sekunden später sind sie nicht mehr alleine. Wind und Kälte haben sich zu ihnen gesellt. Phosphoreszierende schattengleiche Gestalten schweben von allen Richtungen herbei.

»Wer hat gerufen?«, fragt eines der Geisterwesen.

»Ich. Kuni. Gestaltwandlerin und Suchende.«

»Wieso? Geht es um dieses sanftmütige Kind?« Der Geist schwebt sekundenlang über der regungslosen zarten Gestalt am Erdboden.

»Ja. Der Rauch des Lebens ist ihr nahezu zur Gänze entwichen.«

»Wir brauchen eure Hilfe«, erklärt völlig unerwartet Rasper, Kunis tierischer Begleiter.

Ein Zischen, ein Scheppern, ein Klappern, ein Pfeifen erfüllt plötzlich die Luft rund um das Moor. Die blauen Dämpfe sind versiegt und haben pechschwarzer, unheilvoller Dunkelheit Platz gemacht.

»Sie sind da!«, schreit Rasper panisch auf. Instinktiv macht er einen Katzenbuckel und sträubt die Haare. Aber er weiß, dass dieses altertümliche Gehabe keine magischen dunklen Geister ruheloser Seelen abwehren kann.

»Wir beschützen euch«, rufen die schillernden Geisterwesen, wie aus einem Mund.

»Schließt die Augen und haltet euch die Ohren zu«, weist einer der Geister Kuni und Rasper an. Das Katzentier schmiegt sich angstvoll an seine Begleiterin und tut wie ihm geheißen. Mit seinen Riesenpfoten hält es sich die großen Ohren zu und schließt die Augen. Auch Kuni macht das Gleiche, auch wenn sie sich lieber unsichtbar gemacht hätte. Aber für Rasper muss sie in ihrer Gestalt bleiben. Er braucht Sicherheit, sonst würde er vor Angst sterben. Sie weiß nicht, wie lange sie so da gesessen sind, aber irgendwann fühlt Kuni, dass alles vorbei ist. Auch die Nacht ...

Crystema öffnet die Augen. Wo befindet sie sich? Ein heller, sonnendurchfluteter Palast? Nein, unmöglich. Ist das der Himmel? Sie ist tot, das ist sonnenklar! Aber was macht dieses riesige Katzentier neben ihr? Wie ein Himmelswesen sieht es nicht gerade aus. Außerdem riecht es eigenartig hier. Es muss das Fell des Tieres sein. Vorsichtig versucht Crystema sich aufzusetzen, aber sie scheitert kläglich. Es fehlt ihr einfach die Kraft. Außerdem spürt sie ihren Körper zu sehr. Eigentlich kann sie nicht tot sein.

»Hast du gut geschlafen?«, fragt das Katzentier unvermittelt.

»Was?« Crystema sieht erschrocken auf das zottelige Wesen.

»Na, ob du gut geschlafen hast?«, wiederholt Rasper, bevor er beginnt, sich genüsslich die Pfote zu lecken.

»Ich weiß nicht«, stammelt die junge Frau und zieht ihre Decke etwas höher.

»Hm«, überlegt Rasper. »Du siehst ohnehin nicht gut aus.« Er leckt weiter, dann hält er inne und erklärt: »Du wärst fast gestorben. Weißt du denn nicht, dass man sich niemals in der Nähe von Sümpfen aufhält? Lernt man das nicht bei deinem Volk?«

»Weiß ich«, stöhnt Crystema leise. »Ich wurde angegriffen. Ich weiß nicht, von wem oder was, aber es hat mich zu den Sümpfen getrieben.«

»Dunkle Magie«, bemerkt eine helle Stimme neben dem Bett, doch Crystema kann niemanden sehen.

»Kuni, du bist schon wieder unsichtbar!«, ruft das Katzentier und schüttelt den Riesenkopf. »Sie kann dich nicht sehen.«

»Besser?«, fragt Kuni, als sie sich in der Gestalt eines glänzenden Vogels auf Crystemas Decke niederlässt.

»Jetzt bist du ein Vogel«, seufzt Rasper und leckt weiter seine Pfote.

»Na und?«, fragt Kuni. »Hallo«, meint sie rasch zu der völlig verwirrten Crystema. »Ich bin Kuni, Gestaltwandlerin und Suchende. Und mein Freund hier ist Rasper, eine Riesenkatze.«

»Kater«, murmelt Rasper resignierend.

»Wo bin ich?«, fragt Crytsema nach einer Verschnaufpause.

»Im Palast der weißen Hexe«, erklärt Kuni leise.

»Sie hat uns alle gerettet, gemeinsam mit den schillernden Geistern.«

»Wie bitte? Weiße Hexe?« Crystema muss sich eingestehen, noch nie von ihr gehört zu haben. »Ich dachte, ihr habt mich gerettet?«

»Kuni hat die Geister um Hilfe gebeten und diese haben eine höhere Macht angefordert, als die bösen Seelen vom Moor auf uns zugeströmt sind.« Rasper sieht kurz von seiner Pfote hoch in die Ferne. »Es war schlimm.«

»Du hast nichts davon mitbekommen, Rasper«, meldet sich nun der Vogel zu Wort.

»Hm«, macht Rasper und wendet sich nun der anderen Pfote zu.

»Die weiße Hexe hat Raum und Zeit verschoben. Nun sind wir bei ihr. Sie hat dir unbegrenztes Asyl in ihrem Palast gewährt.«

»Oh«, murmelt die junge Frau verwirrt. Wer ist diese Hexe? Doch die Antwort lässt nicht lange auf sich warten.

»Seid gegrüßt, meine Gäste«, sagt eine wohlklingende Stimme, sodass sich alle drei umdrehen. Eine schlanke Frauengestalt schreitet auf die Gruppe zu. Ihr Gesicht ist wunderschön, ebenmäßig, ihre Kleidung strahlend weiß.

»Es tut mir sehr leid«, setzt die Hexe etwas leiser zu Crystema hin fort, »Du bist in einen Hinterhalt geraten, in eine Falle, die von dem Fürsten der Dunkelheit ausgelegt worden war.«

»Wie bitte?« Crystema sieht der weißen Zauberin in die Augen und glaubt für einen Moment in ihren großen Pupillen, das Weltall sehen zu können. Sie wendet sofort ihren Blick ab.

»Wieso?«, fragt Rasper und setzt sich kerzengerade auf. Für einen flüchtigen Augenblick sieht er edel und katzenmäßig aus.

»Der Fürst der Dunkelheit hat die große Schlacht seinerzeit bei den Mooren verloren, wie ihr wisst. Die Seelen dort sind seine ehemaligen Gefolgsleute und hoffen auf seine Wiederkehr. Aber dafür benötigt der Herr der Dunkelheit gute Seelen, besonders jene der Clementier.«

»Mein Volk?«, stammelt Crystema entsetzt.

»Ja, ihr seid die friedfertigsten Menschen und eure Seelen gelten als rein.«

Crystema schluckt.

»Der weiße Rauch?«, fragt Rasper.

»Ja. Er wird von unsichtbarer dunkler Macht aus dem verwundeten sterbenden Körper gesogen und weggebracht.«

»Was? Die Seelen unserer Verstorbenen?« Crystema ist das Entsetzen in ihr zartes blasses Gesicht geschrieben. Sie erinnert sich schmerzhaft an den Tod ihrer Großmutter. Ja, sie hat den Rauch gesehen, aber er ist ins Licht gegangen, in einen Sonnenstrahl, der plötzlich da war. Sie atmet durch.

»Ich lasse von meiner Geisterschar und meinem Gefolge immerzu nach Hinterhalten und Fallen suchen, aber es gelingt nicht immer. Es tut mir von Herzen leid.«

»Da war eine goldene Kugel«, überlegt Crystema. »Ein Kind hat damit gespielt. Doch plötzlich ist die Kugel in einen Bachlauf gerollt und das Kind konnte nicht hinterher und hat bitterlich geweint. So habe ich ihm die Kugel aus dem Wasser gefischt und ...«

»Erzähle bitte weiter«, fordert die weiße Hexe die junge Frau auf.

»Das Wasser wurde schwarz, das Kind war weg und die Kugel in meiner Hand wurde – ich weiß es nicht mehr. Ich bin nur noch gelaufen. Irgendetwas hat mich in Richtung der Sümpfe vor sich hergetrieben. Ich kann nicht sagen, was es war.«

»Und hat dich mit giftigen Geschoßen beworfen«, überlegt die weiße Hexe. »Die deine Selbstheilungskräfte blockiert haben.« Sie macht eine Gedankenpause. Als sie fortsetzt, huscht ein schönes Lächeln über ihr Gesicht. »Aber ich konnte deine Heilungskräfte wieder mit einem starken Zauber zurückgewinnen und das Ergebnis kann sich sehen lassen.« Sie hebt ihre schlanke Hand und deutet auf Crystemas Körper. »Deine Wunden sind komplett verheilt und verschwunden. Du wirst dich noch ein wenig schwach fühlen und müde, aber morgen kannst du deine Wanderschaft fortsetzen, wenn du möchtest.«

»Oh, Dankeschön«, stammelt Crystema. Will sie das überhaupt. Irgendwie sitzt ihr der Schock über das Erlebte noch immer in den Knochen.

»Du wirst nicht ohne Schutz gehen müssen«, lächelt die Hexe. »Kuni und Rasper werden dich von nun an begleiten. Ihr werdet Weggefährten.«

»Oh.«

»Ja, genau«, freut sich Kuni. »Außerdem stehen wir unter einem Schutzzauber der weißen Hexe, nicht wahr?«

»So ist es«, meldet sich die gütige Zauberin zu Wort.

»Aber dafür müssen wir jetzt Fallen aufstöbern«, jammert Rasper.

»Ach, liebes Tier«, meint die Hexe sanft. »Ich benötige eure Hilfe und werde von nun an immer für euch erreichbar sein. Durch Gedankenkraft. Unsere Verbindung ist stark und kann durch nichts zerstört werden. Nur mit tapferen Wesen wie euch kann ich den Fürsten der Dunkelheit besiegen.«

»Wie viele hast du schon angeheuert?« Rasper zittert ein wenig. Man sieht, dass ihm die neue Aufgabe nicht geheuer ist.

»Ein Heer von Wesen verschiedenster Art. Ihr werdet ein Teil davon werden.« Die Hexe streicht dem Katzentier über das Fell. »Du bist sehr wichtig für diese Schlacht, mein Lieber.«

Der Kater fängt an zu schnurren und schmiegt sich an die schlanke Hand.

»Ja, meine Gebieterin«, schnurrt er vergnügt, sodass Kuni mit den Flügeln flattert. Was geschieht hier? »Was machst du mit Rasper?«

»Ich habe ihm die Angst genommen.«

»Gebieterin?«

»Das war zuviel. Ich weiß. Der Zauber wirkt bei einem Tier etwas anders. Entschuldige.«

Kuni starrt die Hexe kurz an, dann nickt sie.

»Du bist stark, Kuni«, meint die weiße Zauberin leise. »Und das ist gut so. Ich brauche euch wirklich. Aber natürlich habt ihr die Wahl. Es steht euch frei, zu gehen.«

»Nein«, meldet sich Rasper zu Wort. »Es ist gefährlich geworden in diesem Land. Das wissen wir. Das Leben ist seit der letzten Schlacht nicht mehr das Gleiche. Auch für uns Riesenkatzen.«

»Rasper?« Kuni ist verwirrt. Noch nie hat ihr Kumpel über seine Vergangenheit gesprochen. Sie haben sich durch Zufall gefunden, auf einem Basar.

»Dunkler Zauber hat meine Familie getötet«, maunzt der Kater qualvoll. »Böse Magie ist in mein Heim eingedrungen und hat sich blitzartig ausgebreitet.«

»Wie denn?«, fragt die Hexe sanft. Abermals lässt sie ihre Hand durch sein struppiges Fell gleiten.

»Es war vor langer Zeit. Ich war ein Kätzchen, lebte mit meinen Geschwistern im Keller einer unbewohnten Menschenhütte. Wir waren glücklich und zufrieden. Mama und Papa waren bei mir und meine fünf Geschwister.« Rasper schließt kurz die Katzenaugen und seufzt kläglich, wie es nur Katzen können.

»Wie ist es passiert«, fragt Kuni und rückt in ihrer Vogelgestalt näher an ihren Freund heran.

»Meine Eltern kannten eine Menschenfrau, die uns hie und da mit Milch versorgte. Eine gute alte Dame, eine Seele von einem Menschen. Sie war die Einzige, die wusste, dass wir im Keller wohnten. Doch als sie das letzte Mal zu uns kam, um uns Milch zu bringen, war sie verändert. Sie hat nicht gesprochen und ihr Blick war starr. Sie hat auch komisch gerochen. Ich habe meine Bedenken mit meiner Familie geteilt, aber meine Eltern haben es als Unsinn abgetan. Ich war immer schon ängstlich, müsst ihr wissen.« Rasper öffnet wieder seine Augen und beginnt seine Pfote zu lecken.

»Erzähle uns alles, Rasper«, meint die weiße Hexe milde.

»Fakt ist, dass mir meine Familie nur wenige Tropfen von der Milch übrig gelassen hat und mir diese Tatsache das Leben gerettet hat.«

»Die Milch war vergiftet?«

»Ich wurde ohnmächtig und als ich wieder aufgewacht bin, sind meine Familienmitglieder um mich herumgelegen und haben sich nicht mehr bewegt.« Rasper zittert am ganzen Leib, sodass Crystemas Bett vibriert. »Sie waren alle tot«, maunzt der Kater unter seelischen Qualen.

»Hm, dann hat wohl die alte Frau euch vergiftet?«, überlegt Kuni.

»Das glaube ich nicht. Es sieht so aus, als wäre die besagte Frau unter einem Zauber gestanden, dem Gehorsamszauber, mit dem man nur normale Menschen belegen kann. Ein wahrhaftig böser Zauber, ein Werk des dunklen Fürsten.«

Die weiße Hexe schüttelt ihr wallendes Haar. »Er muss aufgehalten werden!«, ruft sie grimmig. »Alleine kann ich es nicht schaffen.«

»Wir sind dabei!«, rufen Kuni, Rasper und Crystema wie aus einem Mund.

»Sehr gut.« Die weiße Hexe nickt ihren neuen Verbündeten zu. »Geht hinaus und sucht in den Höhlen der Verdammnis nach den Einhörnern, Zentauren, Zyklopen und den Gutgeistern.«

»Wie bitte?« Raspers Angst flammt erneut auf.

»Du hast richtig gehört. Diese Wesen wurden von dem Fürsten verbannt und ich brauche sie. Sie sind sehr mächtig. Nur euch, meine Kinder, so sagt es die Prophezeiung, ist es möglich, unbeschadet durch die Höhlen zu wandern, den Fluch aufzuheben und sie zu befreien.«

»Wie soll das funktionieren?«, fragt Kuni angespannt.

»Ihr müsst gemeinsam in die Höhlen klettern, dabei immerzu einen Spruch aufsagen, einen Zauber, versteht ihr?« Die Hexe sieht ernst von einem zum anderen.

»Egal, was passiert, ihr müsst immerzu sprechen, rezitieren.«

»Welchen Spruch?«, meldet sich Rasper erneut zu Wort.

»Passt jetzt gut auf: Ich bin unbefangen, den Zauber muss ich bannen, mein Mut und meine Kraft, sie meine Hoffnung schafft, ich werde jetzt auch siegen, der Fürst er wird dann liegen.«

»Das ist, was wir zu tun haben?« Kuni wirkt verwundert.

»So ist es. Macht euch auf den Weg. Ein Vogel wird euch begleiten und euch anweisen.«

Rasper schluckt, Kuni wirkt wie versteinert. Crystema sieht in die Ferne.

»Habt Mut, meine Kinder. Meine Kraft wird mit euch sein. Meine Zauber werden euch begleiten und beistehen.«

»Eine Frage noch«, bemerkt Crystema leise.

»Ja?«

»Von welcher Prophezeiung hast du vorhin gesprochen?«

»Einer sehr alten Vorhersage, mein Kind. Kuni, Rasper und du seid zu Höherem berufen. Ihr habt vom Schicksal diese Aufgabe auferlegt bekommen. Ich weiß, ihr werdet sie bewältigen.«

»Und wenn nicht?« Rasper sieht die Hexe mit großen runden Augen an.

»Daran denken wir nicht.« Die Hexe lächelt den Kater milde an. »Es ist so weit. Ihr müsst gehen.«

Die Freunde machen sich auf den beschwerlichen Weg zu den Höhlen der Verdammnis. Sie begegnen niemandem. Nur ein kleiner Vogel ist ihr Begleiter.

Gegen Abend erreichen sie das Höhlensystem. Mutig klettern die Gefährten hinab und wiederholen immerzu die gleichen Verse. Niemand wagt es, sich umzusehen, der Vogel leuchtet ihnen auf magische Weise den Weg. Selbst plötzliches Geschrei vermag die drei Freunde nicht aus der Ruhe zu bringen. Auch das Gefühl, von allerlei Wesen verfolgt zu werden. Aber als eine schlimme Müdigkeit über Rasper hereinbricht und er nur noch ein klägliches Maunzen von sich gibt, hält Kuni kurz die Luft an und verstummt. Crystema rezitiert den Zauber als Einzige unentwegt weiter, was die Freunde letztendlich rettet und ihnen zum Sieg verhilft.

Die verbannten Wesen werden befreit. Sie schließen sich der Armee der weißen Hexe an, um die Herrschaft des dunklen Fürsten ein für alle Mal zu besiegen. Kuni, Rasper und Crystema werden von der weißen Hexe zu den Anführern der Armee bestimmt. Mutig, tapfer und ausdauernd kämpfen sie für das Gute. Viele Jahre später soll es ihnen endgültig gelingen, die Finsternis aus dem Land zu vertreiben ...

## Eine Hundegeschichte

Die kleine schwarze Hündin ließ den Kopf auf ihre Pfoten sinken. Es war frustrierend, auf der Straße zu leben. Sie wollte auch eine Familie. Wie sie sich nach Geborgenheit sehnte!

»Das wird schon«, murmelte ihr Freund Rumo, ein Welsh Corgi-Rüde. Er hatte braunes, glänzendes Fell, kurze Beine und sah ein wenig wie ein Fuchs aus. Jeden Tag, wenn die Sonne ihren Zenit erreichte, besuchte er Rala in ihrer armseligen Behausung auf der Mülldeponie. Seine Familie wusste nichts davon. Er hatte sich unter den Zaun seines Grundstücks hindurchgegraben und schlich sich jeden Tag davon. Hie und da brachte er seiner Freundin einen Knochen mit oder ein Stück ranziges Fleisch oder Käse.

»Du hast gut reden, alter Freund«, erwiderte die junge Zwerghündin. »Du hast ein Zuhause. Eine Familie, die dich liebt.«

»Aber keine Freiheit«, bemerkte Rumo hechelnd. Es war ein sonniger, heißer Tag und sein Pelzmantel juckte und war stickig. »Jedes Mal, wenn ich zu dir komme, habe ich Angst, dass ich ertappt werde.«

»Und wenn schon?«

»Dann muss ich im Haus bleiben, Rala! Kann nicht mehr

zu den Vögeln, zu den Katzen, darf nicht mehr in der Wiese liegen oder Fliegen nachjagen.« Er kratzte sich hinter dem Ohr.

»Trotzdem glaube ich, du hast es besser«, raunzte Rala.

»Ich habe dir schon mehrmals angeboten, dass du mit mir in meinen Garten mitkommen kannst. Wenn dich mein Frauchen sieht ...«

»... wird sie die Nase rümpfen, weil ich nach Müll stinke und mich in das Tierschutzhaus bringen. Ja, und dort sitze ich dann in einem Käfig.« Rala sah Rumo mit ihren kleinen schlauen Hundeaugen an. Ihr zotteliges Fell war verfilzt. Sie brauchte dringend einen Haarschnitt. »Du weißt doch, dass ich meine Freiheit liebe. Ein Käfig wäre für mich der sichere Tod.«

»Aber du willst eine Familie«, gab Rumo zu bedenken. »Ich werde gebürstet, gestreichelt, gefüttert, hab einen ruhigen Schlafplatz, meinen Garten.« Er schleckte sich über die Nase. »Mir geht's gut, denke ich.«

»Hm, trotzdem kommst du jeden Tag zu mir und brichst aus deinem goldenen Käfig aus.« Rala war aufgestanden und schaute sich in einen zerborstenen Spiegel. »Mich will keiner«, schniefte sie.

Rumo starrte schweigend vor sich hin. »Wie wäre es damit, wenn wir einmal miteinander spazieren gehen.«

»Was?«, jaulte Rala entsetzt. »Ich war noch nie weg von da! Ich bin hier auf die Welt gekommen und ...«

»Was und?«, fragte Rumo. »Du jammerst mich an, aber

hast nicht den Mumm, etwas in deinem Leben zu ändern?«

Rala sah ihn stumm an. »Aber ...«, stammelte sie.

»Hast du irgendwo eine Haarbürste?«

»Wie bitte?«

»Du hast mich schon verstanden«, murmelte der braune Rüde.

»Ja, ich glaube, ich hab da irgendwo eine gesehen.« Rala lief leichtfüßig über einen Kleiderberg, der ihr als Höhle diente. Und tatsächlich kam sie mit einer Kinderbürste im Maul zurück.

Oh, sie winselte, während Rumo versuchte, ihr das Fell zu bürsten. Keine Chance!

»Lass das!«, bellte sie verärgert. »Bitte, es tut weh.«

Rumo trat mit der Bürste im Maul einige Schritte zurück und betrachtete sein Werk. »Ja, sieht besser aus. Jetzt wäre es angebracht, dir einen anderen, menschenfreundlichen Geruch zu verpassen.«

»Wie meinst du das?«

»Na, wir gehen aus, und ich möchte nicht, dass die Menschen vor uns flüchten.« Gemeinsam wanderten sie über die Müllberge, Rala wühlte im Mist, Rumo sah ihr dabei zu, ohne sich die Pfoten schmutzig zu machen.

Sie kam mit einer alten Spraydose, auf der Blüten abgebildet waren zurück. »Das habe ich erschnuppert. Riecht seltsam, wäre das was für mich?«

»Oh ja. Bleib stehen, ich versuche dich anzusprayen. Ich kenne das von meiner Familie. Aber verstecke besser deinen

Kopf unter den Pfoten. Die Sachen der Menschen sind echt ätzend.«

Rala hörte auf ihren Freund und nach einigen Versuchen hatte es der Rüde tatsächlich geschafft, seiner Freundin einen erfrischenden Duft zu verpassen.

»Fertig«, bellte er begeistert und schnüffelte in der Luft. »Lass uns aufbrechen. Ich habe heute etwas länger Zeit«, erklärte er und schaute auf die Sonne. »Mein Frauchen kommt heim, wenn die Sonne untergeht.«

»Ich habe Angst!«, murmelte Rala, als sich die beiden Hunde auf den Weg machten. Sie zitterte am ganzen Leib, als sie unter den großen Gittertoren der Mülldeponie hindurchkletterten. Argwöhnisch starrte sie auf die Autos, die vorbeisausten.

»Komm schon, Rala. In dieser Richtung liegt die Stadt. Die wird dir gefallen.«

»Wird sie das?«, stotterte die kleine schwarze Hündin.

»Sei mutig! Ich bringe dich auch wohlbehalten hierher zurück.«

Rala nickte halbherzig und folgte ihrem Freund.

Hintereinander im Straßengraben trotteten die beiden Tiere einher. Es war heiß. Rala sehnte sich nach Wasser. Auf der Mülldeponie trank sie immer aus alten Töpfen. Da gab es stets genug Wasser und auch genügend Abwechslung. Zum Beispiel konnte sie, wann immer sie wollte. Elstern jagen, oder nach Mäusen oder Ratten Ausschau halten. Obwohl Ratten unfreundliche, gruselige Kameraden waren.

Auch Katzen fanden sich öfters in ihrem Zuhause ein. Das war ein Riesenspaß. Rala bereute mit jedem weiteren Schritt ihre Entscheidung.

Als sie von der Hauptstraße in eine Gasse abbogen, wurde Ralas Herz leichter. Gärten, Häuser. Sie hatte all das in alten Zeitungen gesehen. Kinder!?

»Das ist ein Spielplatz«, bemerkte Rumo. »Da dürfen wir nicht hin.«

Das sah lustig aus. Zu gerne hätte sie mitgespielt. Wieso? Sie sehnte sich danach, als würden diese kleinen Menschen sie rufen, sie magisch anziehen. Rala rührte sich nicht von der Stelle, sie sah verträumt auf die spielenden, tobenden Kinder.

»Komm weiter«, meinte Rumo ungeduldig und blickte auf den Stand der Sonne.

Rala war verwirrt. Sie fühlte eine tiefe Sehnsucht in sich. Wieso nur? Mehr, denn je wollte sie eine Familie, Menschen, die sie lieb hatten.

»Was ist los?«, fragte Rumo, dem die Traurigkeit seiner Freundin auffiel.

»Ich weiß es nicht. Ich würde am liebsten bei diesen kleinen Menschenkindern bleiben. Ich ...« Sie wischte sich über die Schnauze. »Ich weiß nicht, was mit mir los ist.«

»Schon gut. Das ist sicher die Hitze und die Aufregung.«

Rala schüttelte den zotteligen Kopf.

»Weißt du was, ich bringe dich einmal zu mir.«

»Ist es weit von hier?«

»Nein. Gleich zwei Gassen weiter. Da trinkst du etwas und ruhst dich im Schatten des alten Kirschbaumes aus. Einverstanden?«

Rala nickte und trottete weiter. Ihr Schwanz hing zu Boden, ihre Haltung war gebückt.

»He, was hast du hier verloren mit dieser Streunerin. Die stinkt ja furchterregend!«, bellte ein Schäferhund wutentbrannt. Er lief am Zaun hin und her und fletschte die Zähne.

»Geht dich nichts an!«, keifte Rumo zurück und setzte seinen Weg fort. »Ganz ruhig. Er kann hier nicht raus. Geh weiter!«, rief er Rala zu, die nicht wagte, vorbeizugehen.

Minuten später befand sich Rala unter einem mächtigen Baum im Schatten. Oh, sie war mit den Nerven total am Ende. Sie zitterte wie Espenlaub, hechelte wie verrückt. Nie wieder, schwor sie sich. Sie wollte nicht einmal das angebotene Wasser trinken. Doch plötzlich spitzte sie die Ohren. Eine helle Kinderstimme schrie herzzerreißend. Rala stand auf, lauschte. Woher kam sie? Dann flitzte sie los.

»Nein!«, bellte Rumo hinter ihr, als sie zwischen den Zaunstäben hindurch auf die Straße schlüpfte. Rumo konnte ihr nicht nach. Er war zu dick. Sollte er ihr folgen und durch sein Loch unter dem Gartenzaun kriechen? Nein, entschied er sich. Er war zu langsam und zu müde. Sorgenvoll schaute er seiner Freundin nach, die die Straße hinunterlief. Kinder, dachte er. Kein Wunder, Rala war ja auch fast noch ein Kind. Kaum ein Jahr alt ... Ihn selbst, mit seinen neun Hundejahren nervten Kinder ... Sie waren laut und ungestüm. Ja, als er jung war, war auch das anders gewesen ...

Die Straße führte in einen großen weitläufigen Park. Es war schön dort und ja, das Kindergeschrei kam genau von dieser grünen Oase. Sogar Wasser gab es dort. Sollte er Rala doch folgen? Vielleicht brauchte sie ja Hilfe. Er lauschte angestrengt, dann erhob er sich schwerfällig und glitt unter dem Gartenzaun hindurch.

Oh nein!, dachte Rala. Ein Kind war mit seinem Rad von einer unbefestigten Brücke in einen Fluss gestürzt. Es konnte aus eigener Kraft nicht mehr aus dem Wasser. Es weinte und schrie, strampelte, aber niemand hörte es. Rala sah sekundenlang hinunter zu dem Mädchen und handelte instinktiv. Sie fing, wie ein Wolf zu heulen an, bellte, winselte und quietschte. Nützte ihr gesamtes Stimmrepertoire.

Rumo hatte die Situation schnell verstanden. Er stimmte auch ein Wolfsgeheul an. Und siehe da, die Tiere hatten Erfolg. Menschen, Spaziergänger, wurden auf die zwei Hunde aufmerksam. Dann auf das Kind. Ein Mann, er hatte ebenfalls einen Hund dabei, eine wunderschöne Retriever-Hündin, stürzte sofort zum Fluss hinunter, watete durch das Wasser und versuchte das Kind zu bergen. Andere Leute eilten hinzu und halfen mit.

Rumo, der alles beobachtete, wedelte mit dem Schwanz, als sich die schöne Hündin neben ihn setzte. Er kannte sie. »Hallo, Fe, wie geht's so?«

»Bestens, mein Lieber«, säuselte die Hündin. »Was ist

denn da los?«

»Oh, ein Notfall, aber ich denke, es wird alles gut.« Rumo warf einen Blick zu Rala, die ihm zunickte. Dann lief sie hinunter zu dem Kind, das pitschnass und zitternd am Flussufer saß. Es war umringt von einigen Erwachsenen und anderen Kindern. Rala bahnte sich den Weg durch die Menschenmenge und stupste das Mädchen mit ihrer kleinen feuchten Hundenase an.

»Hi«, murmelte das Kind. Es schaute mit geröteten Augen das Tier an. Rund um die beiden herrschte Aufregung. Eine Frau schrie aufgebracht: »Wo sind die Eltern dieses Kindes?« Eine ältere Dame fragte das Mädchen nachdenklich: »Du bist doch die Kleine von ...«

»... von mir!«, rief eine Frau mit roten Wangen. »Lisa, was ist passiert?«, fragte sie vollkommen aufgeregt.

»Ich bin ins Wasser gestürzt und dieser kleine Hund hat mich gerettet«, sagte das Mädchen und strich Rala über ihr zotteliges Fell.

»Was sagst du da?«, fragte ihre Mutter. Auch die anderen Menschen betrachteten die Zwerghündin.

»Ja, das stimmt«, bemerkte ein älterer Herr, der sich mühsam den Weg ans Ufer bahnte. Er ging auf einen Stock gestützt. »Ich habe diese Hündin beobachtet. Sie hat Lisa gerettet, indem sie so viel Lärm gemacht hat, dass andere Hunde und Menschen auf die Kleine aufmerksam geworden sind.«

Rala hatte in diesem Moment keine Angst. Sie schaute

von einem zum anderen, wedelte mit dem Schwanz.

»Oh, ist die süß!«, hörte sie Lisas Mutter sagen. »Wenn du willst, können wir ja deine Lebensretterin mit nach Hause nehmen und ihr eine Belohnung geben. Mal sehen, was wir für sie haben.« Sie zwinkerte ihrer Tochter zu.

»Oh ja, Mama.« Das Mädchen wischte sich die Tränen von den Wangen und stand vorsichtig auf.

Rumo schaute zufrieden zu seiner Freundin. Ja, sein Plan war aufgegangen. Er hatte immer gespürt, dass Rala zu den Menschen gehörte. Zufrieden trottete er nach Hause.

## Das Geschwisterpaar

»Es gibt keine Geister!«, schnaubte der Junge und schüttelte den Kopf. Seine kleine Schwester starrte ihn mit weit aufgerissenen Augen an. »Ich habe sie gesehen«, stammelte sie mit krächzender Stimme.

»Ja, einen Zombie in unserem Haus. So ein Unsinn!«

»Keinen Zombie, Jakob. Eine durchsichtige Gestalt. Sie war in meinem Zimmer, verstehst du?«

Babysitter für seine kleine Schwester zu sein, war nicht einfach. Sie war zwar schon zehn Jahre alt, aber trotzdem ein kleines, ängstliches Mädchen. »Komm bitte mit in mein Zimmer und bleib bei mir.«

Jakob schüttelte abermals den Kopf. Er hatte nicht vor, bei Marie Wache zu schieben, damit diese einschlafen konnte. Er würde wieder in sein Zimmer gehen und Playstation spielen. Mit seinen Online-Freunden. Er schaute auf sein Handy, das er immer mit sich trug. Kurz nach Mitternacht. Spätestens um zwei Uhr musste er schlafen gehen, knapp bevor die Eltern heimkamen.

»Bitte«, winselte Marie und sah mit ihren wasserblauen Augen zu Jakob.

»Nein. Es gibt keine Geister«, wiederholte er mit zusammengebissenen Zähnen.

»Kann ich mit dir mitkommen?«

»Was? In mein Zimmer? Sicher nicht!«

»Jakob, bitte! Ich habe Angst!«

Jakob sah seine Schwester kurz an, dann seufzte er und meinte: »Gut, ich begleite dich.«

Marie nahm Jakob sofort an der Hand und zog ihn in ihr Zimmer. Alles war ruhig und normal. Keine Regung.

»Siehst du, alles ist in Ordnung!«, murmelte Jakob. Marie bemerkte nicht, dass er heilfroh darüber war, recht zu behalten. Marie legte sich wieder in ihr Bett, Jakob schaltete die kleine Schreibtischlampe ein und verließ das Zimmer. Die Türe ließ er offen.

Das Mädchen starrte an die Decke. Sie wagte es nicht, die Augen zu schließen, denn der Schrecken steckte noch immer in ihr. Doch nach einigen bangen Minuten überkam sie tiefer Schlaf. Sie bemerkte nicht, dass die Leuchtkraft der Schreibtischlampe nachließ, bis nur noch ein schwaches Glimmen übrig war. Auch nicht, als sich die Zimmertür sachte verschloss und eisige Kälte den Raum füllte.

»Leute, ich glaube, die Heizung ist bei mir ausgefallen. Es ist hier saukalt«, murmelte Jakob in sein Headset. »Ich werde nachsehen und dann schlafen gehen. Bis morgen.« Er schaltete die Geräte aus, seufzte leise und ging fröstelnd in den Gang hinaus. Er konnte den Hauch seines Atems sehen. Wieso hatte Marie ihre Tür zugemacht? Er legte die Hand auf die Türklinke und zuckte zurück. Sie war ja eiskalt! Jakob starrte auf die Klinke. Eiskristalle!? Unsagbares Grauen stieg in ihm auf. Es war ein Uhr nachts, seine Eltern würden erst in einer Stunde oder so heimkommen. Seine Eltern anrufen? Die Polizei? Die Rettung? Die Feuerwehr? Nein, Geisterjäger, Exorzisten! Doch Jakob entschied sich anders. Er versuchte, die Tür aufzubrechen. »Ich hol dich da raus, Marie!«, schrie er. Er schlug mit den Fäusten dagegen, dann mit seinem gesamten Körpergewicht. Holte sich Werkzeug, probierte, das Schloss aufzubrechen. Er schwitzte, trotz eisiger Kälte.

»Sag mal, was machst du da?«, fragte seine Mutter plötzlich und erschreckte ihn mit ihrer Stimme fast zu Tode.

»Mama«, schnaufte Jakob.

»Wo ist Marie? Hat sie sich eingeschlossen?«, fragte seine Mutter überrascht. Das passte so gar nicht zu ihrer Tochter. »Habt ihr gestritten?«, wollte sie wissen. Sie drückte die Türklinke hinunter und schreckte zurück. »Was!?«, schrie sie auf.

»Was ist passiert?«, fragte Jakobs Vater aufgeregt.

»Es ist passiert«, stammelte seine Frau leichenblass. »Sie hat sich unsere Tochter geholt.«

»Das glaubst du ja selbst nicht«, schnaubte ihr Mann verächtlich. »Warst du das?«, fragte der Vater Jakob in ärgerlichem Tone. »Ich finde das gar nicht witzig.«

»Papa, ich hab nichts gemacht«, stotterte Jakob. »Marie hatte Angst, weil sie geglaubt hat ...« Jakob hielt inne. »Wir müssen sie da herausholen!«, schrie er seine Eltern panisch an.

»Ja«, weinte seine Mutter. »Ich suche das Buch.«

»Schnell. Wir müssen sie vernichten, ein für alle Mal.« Der Vater betrachtete die Türe und die Klinke. Er kniete sich nieder und versuchte unter den Türspalt durchzusehen.

»Was, Mama? Welches Buch?«, fragte Jakob aufgeregt.

»Das von der Vorbesitzerin dieses Hauses«, murmelte sein Vater. »Sie hat hier okkulte Veranstaltungen abgehalten. Geister beschworen, mit Toten gesprochen, Tische gerückt. Alles, was so auf dem Programm steht. Dann ist sie gestorben und ...«

»Was und?«

»Sie ist hiergeblieben, zumindest zeitweise. Sie ist böse und ihre Schwester hat uns vor ihr gewarnt.«

»Was redest du da, Papa?«

»Die Wahrheit, Jakob«, bemerkte seine Mutter mit glasigen Augen. »Wir haben es nicht geglaubt, doch die Schwester der Besitzerin hat uns vor diesem Tag gewarnt. Hat uns dieses Buch gegeben.« Rasch legte sie es auf den Boden und blätterte es durch.

»Wir dürfen keine Zeit verlieren«, schnaufte der Vater. »Hast du die Stelle?«

Jakob sah auf die vergilbten Seiten, die von oben bis unten von Hand beschrieben sind.

»Ja«, hauchte Jakobs Mutter.

»Wieso habt ihr mir nie davon erzählt?«, fragte der Bub zitternd.

»Wir wollten es nicht wahrhaben«, erwiderte die Mutter.

»So. Ich spreche jetzt die Worte.«

Jakob starrte seine Mutter an. Sie sprach Wortsilben aus, die er noch nie zuvor gehört hatte. Stammelte Verse, fiel in Trance und wiederholte immerzu das Gleiche. Als wäre das nicht unheimlich genug, stimmte sein Vater auch mit ein.

Jakob wich einen Schritt zurück. Waren seine Eltern besessen? Nach einigen langen Minuten stieg die Raumtemperatur spürbar an. Die Holztür von Maries Zimmer sprang auf, alles schien normal zu sein. Aber wo war seine Schwester?

Seine Eltern knieten weiterhin vor dem Buch und stammelten weiter die Verse. Doch er stürzte in das Zimmer und sah sich um. »Marie?«, schrie er. »Wo bist du?«

Eine schimmernde fast durchsichtige Gestalt glitt aus einer Ecke hervor. Sie trug Marie auf ihren Armen. Eine wunderschöne Frau in langen Kleidern. »Sag deinen Eltern, sie sollen damit aufhören. Nimm ihnen das Buch weg, Jakob«, sagte der Geist mit einer Bassstimme.

»Das werde ich nicht tun, alte Hexe!«, schrie der Bursch, griff die Hand seiner Schwester und versuchte, sie der Gestalt zu entreißen. Ein unsagbarer Schmerz durchzuckte seinen Körper. Er taumelte zurück.

»Nimm das Buch und gib es mir«, wiederholte die Stimme. Die Geisterfrau fing zu glühen an, zuerst ihre Augen, dann ihre Haare, danach ihr gesamter Kopf. Ihr Gesicht veränderte sich und wurde zu einer Fratze.

»Mach es endlich!«, dröhnte es durch den Raum eisig, kalt.

»Niemals! Gib mir meine Schwester!«, schrie Jakob. Blind vor Wut schlug er nach der Geistergestalt. Doch seine Faust ging ins Leere. Er packte panisch seine Schwester. »Marie!«, kreischte er. Abermals durchzuckte ihn ein heftiger Schmerz. Bewusstlos fiel Jakob zu Boden.

»Jakob, wach bitte auf!«, schluchzte Marie unter Tränen.

»Marie?«Jakob rieb sich die Augen. Er lag noch immer auf dem Fußboden von Maries Zimmer. Seine Eltern telefonierten. Marie war blass, aber sie lebte. »Jakob!«, sagte sie, als sich ihr Bruder aufsetzte. Sie umarmte ihn herzlich und er ließ es zu. »Danke! Mama hat gesagt, dass du mich gerettet hast.«

»Ist sie weg?«, fragte Jakob und sah sich ängstlich um.

»Ja, das ist sie. Für immer. Aber Papa hat gesagt, dass wir umziehen werden. Er möchte in keinem Haus wohnen, in dem seine Kinder fast umgekommen wären.« Marie machte ein ernstes Gesicht. »Wir ziehen morgen in unsere kleine Stadtwohnung. Dann sehen wir weiter.«

»Ich möchte auch nicht hierbleiben«, schnaubte Jakob und strich seiner kleinen Schwester übers Haar. »Sollen sich andere mit diesen Geistern herumärgern.«

»Du hast sie auch gesehen«, murmelte Marie.

»Tut mir leid, dass ich dir nicht geglaubt habe«, stammelte Jakob. »Verzeih mir bitte.«

»Schon geschehen«, erwiderte das Mädchen und drückte ihrem Bruder einen Kuss auf die Wange.

## Im Wald

Das Grün der Bäume,
der Blüten Duft,
durch das Tal der Kuckuck ruft.

Die Ruhe, sie breitet sich sachte aus,
die Stille im Herzen steigt langsam auf.

Ein leichter Wind bewegt die Gräser fein,
die Blumen wiegen sich im Sonnenschein.

Die summenden Bienen,
das unzählig Getier,
findet einen erholsamen Rückzugsort hier.

Die Kühle, die Ruhe, der Frieden im Wald,
schätzen wir Menschen, er ist unbezahlt.

## Tulpenherz

Seit Jahrzehnten hing das Gemälde in der Diele der alten verlassenen Villa. Obwohl sich eine Staubschicht auf seiner Oberfläche gebildet hatte, leuchteten die Farben der gemalten Tulpen wie durch Magie.

Die Leute machten einen Bogen um das alte, bereits teilweise verfallene Herrenhaus. »Da drinnen geht es nicht mit rechten Dingen zu«, hörte man sie sagen, oder »In diesem Haus spukt es.«

Nun, die Gerüchte hatten sich in den letzten Jahrzehnten, seit dem Ableben der alten Gräfin vermehrt. Wirre, gruselige Geschichten rankten sich um das Gebäude und um das Bild. Man erzählte sich, dass der Geist der alten Dame in dem Tulpengemälde zugegen war ...

»So ein Unsinn!«, rief Michael. »Der Geist im Gemälde?« Er schüttelte den Kopf. Seine Freundin glaubte doch nicht ernsthaft diesen Schwachsinn.

»Meine Mutter glaubt daran«, erwiderte Karoline ausweichend und rückte auf der Parkbank ein Stück von ihrem Freund weg. »Sie ist nicht verrückt.«

»Dein ganzes Dorf glaubt wohl daran«, murmelte Michael.

In seiner Stimme lag Verachtung für die Dummheit der hiesigen Bevölkerung.

»Das kann dir doch egal sein«, erwiderte die junge Frau, erhob sich und stemmte die Hände in die Taille. Michael sah sie lange stumm und nachdenklich an.

»Was ist los? Wieso starrst du mich so an?« Karos Ärger über ihren Freund wuchs von Minute zu Minute.

»Lust auf einen Ausflug?«, meinte dieser nach einer Weile. »Ich weiß da einen Ort, an dem wir sicher ungestört sind.« Er erhob sich rasch, nahm ihre Hand und zog sie die breite Allee entlang.

Es war Herbst. Die Birkenallee sah wunderschön im Schein der untergehenden Sonne aus. Gelbe Blätter, weiße Stämme, dazu der blaue Himmel ohne Wolken. Wie ein Gemälde, überlegte Karo, als sie widerwillig ihrem Freund folgte. »Wohin gehen wir?« Aber Karo glaubte bereits, die Antwort zu kennen. Die Villa lag am Ende des Parks. Die Dämmerung würde in einigen Minuten einsetzen. Die alte Jugendstilvilla lag verborgen in einem riesigen, verwilderten Garten. Niemand würde die beiden jungen Leute sehen, denn keiner der Dorfbewohner wagte sich in die Nähe des verfallenen Gebäudes.

»Zur Villa, mein Schatz«, erwiderte Michael grinsend. »Es ist Zeit, diese dämliche Sache zu klären. Ich werde dir beweisen, dass an den Gerüchten nichts dran ist.«

Karo blieb abrupt stehen. Gänsehaut lief ihr auf und es wurde ihr trotz Daunenjacke kalt. »Das geht nicht«, keuchte sie. »Wir können da nicht einfach hinein.«

»Und wer soll uns daran hindern? Die Gräfin höchstselbst?«, war Michaels spöttische Antwort. Karo starrte ihn an. »Du bist ja sonst nicht so feig und eine Tussi«, maulte er.

»Ich bin keine Tussi, du Idiot!«, keifte Karo Michael an. »Ich meine nur, es wird bald finster. Wir können doch morgen am Vormittag herkommen.«

»Ich habe aber jetzt Lust dazu, die Gräfin zu treffen«, erwiderte der junge Mann und sah seine Freundin mit Hundeblick an. »Bitte, in der Dunkelheit ist es noch viel stimmungsvoller, wenn wir in die Gruselvilla gehen.«

Karo seufzte laut, nickte und folgte ihrem Freund durch den verwilderten Garten bis zu einem kaputten Fenster. Das Mauerwerk der Villa war feucht im Schein der Handys und der Putz zum Teil abgebröckelt. Lautlos stiegen sie durch die Öffnung vorsichtig ins Gebäude ein. »Wo sind wir?«, flüsterte Karo, während sie den Raum mit ihren Handys ausleuchteten.

»Ich schätze mal, das war die Küche.« Ein alter Gasherd, ein Tisch, Sessel, die Tür zur Speisekammer, eine alte Kredenz, Geschirr. Der Kühlschrank fehlte. Ein alter Luster hing vom hohen Plafond.

»Heimelig, was?«, fragte Michael verschmitzt. Eine Staubschicht überall auf dem gekachelten Fußboden, Spinnweben. Der junge Mann stieß mit dem Fuß die Türe zur Speisekammer auf. Ein paar alte, leere Rexgläser standen in den Regalen.

»Wieso hat niemand diese Hütte übernommen, nachdem die Alte gestorben war?«, fragte Michael und sah sich erneut in der Küche um.

»Keine Nachkommen.«

»Aber irgendwem muss ja das Haus gehören, der Grund und so«, überlegte Michael.

»Keine Ahnung. Darüber wird nicht getratscht. Vielleicht weiß ja meine Mutter was.« Karoline ging langsam durch die Küche in das nächste Zimmer. Sie verspürte eine Mischung aus Neugierde, Aufregung und Angst.

»Weißt du, wo das sagenumwobene Gemälde hängt?«, fragte Karos Freund, während er ihr folgte.

»In der Diele, habe ich gehört«, murmelte Karoline. Sie befanden sich momentan vermutlich im Wohnzimmer. »Wow, sieh dir die Möbel an«, hauchte sie, während das Licht des Handys über das Mobiliar wanderte. »Die sind antik und sicher was wert.«

»Vielleicht«, bemerkte Michael. Eine Vitrine mit einem alten Foto der Gräfin zog seine Aufmerksamkeit auf sich. »Eine stattliche Frau«, meinte er. Das Glas des Schrankes war zersprungen, aber das alte Foto konnte er klar erkennen.

»Oh ja, sie war eine Dame von Adel, sagt man. Nur soll sie angeblich ihren Mann getötet haben. Es konnte jedoch nie bewiesen werden. Er ist seit Jahrzehnten verschwunden.«

»Was sagst du da?«, fragte Michael. Er nahm soeben eine kleine Spieldose aus der Vitrine und zog sie gedankenverloren auf.

»Nun, er hatte sie mit einer Bediensteten betrogen«, fuhr Karo fort. »Die Gräfin hat ihn daraufhin ermordet und die junge Geliebte auch, sagt man. Beide waren plötzlich verschwunden. Nur konnte man der Dame eben nichts nachweisen.«

»Die Geschichte passt wunderbar in diese Gruselvilla«, murmelte Michael. Alles Gerüchte, das war ihm klar. Einfach Unsinn. Er stellte die Spieluhr zurück in die Vitrine. Sie war anscheinend kaputt.

»Vielleicht stoßen wir ja auf ein paar Knochen, was meinst du?«, fragte der junge Mann gut gelaunt. »Wir müssen nur lange genug suchen.«

»Die Villa wurde in den fünfziger Jahren, als die beiden verschwanden, durchsucht, Micha. Da wirst du nichts finden.«

»Seit wann ist die Alte tot?«

»Anfang der siebziger Jahre, glaube ich.«

»Was?! Seitdem steht die Villa leer?«, fragte Michael überrascht.

»Nein, erst seit zwanzig Jahren oder so. Nachdem die Gräfin gestorben war, hat noch ihre Tochter hier gelebt.

»Aber ich dachte, sie hat keine Nachkommen.«

»Hat sie auch nicht, ihre Tochter ist auch schon lange tot.«

»Was ist mit ihr passiert?«

»Sie hatte ja behauptet, dass es hier spukt und ist angeblich wahnsinnig geworden und in einer Anstalt verstorben.«

»Was für eine Geschichte!«, meinte Michael zufrieden. Das klang alles wirklich nach einem Stoff für einen Horrorfilm.

Die beiden jungen Leute arbeiteten sich von Zimmer zu Zimmer vor. So viele Räume! Sie waren schon seit über einer Stunde in dem Gebäude unterwegs, ohne die Diele zu finden.

Doch plötzlich: »Micha, sieh mal«, stammelte Karo mit leiser Stimme. Sie leuchtete auf ein Gemälde, auf dem rote Tulpen in einer Vase zu sehen waren.

»Der Tulpenstrauß«, hauchte Michael und trat einen Schritt näher an das Bild heran.

»Die Blumen leuchten wirklich, als wären sie frisch gemalt«, meinte Karo noch immer leise.

In diesem Moment ertönte eine Melodie, aus einem anderen Zimmer. Leise, aber unverkennbar.

»Hörst du das?«, fragte Karo entsetzt. Ihre Hände wurden feucht und ihre Knie weich.

»Das ist bloß diese Spieldose«, meinte ihr Freund, nachdem er sekundenlange gelauscht hatte.

»Und wieso fängt sie plötzlich zu spielen an?«, fragte Karo.

»Hm. Sie ist nicht kaputt. Der Mechanismus ist alt und ja, er klemmt und sie spielt wieder, na und?« Michael zuckte mit den Schultern. »Lass es uns mitnehmen.« Er deutete auf das Gemälde.

»Bist du wahnsinnig? Es ist verwunschen.«

»Glaubst du den Mist noch immer?«, fragte er und legte seine Hand auf die Leinwand. Noch bevor Karo etwas erwidern konnte, zuckte Michael zurück. Er betrachtete seine Hand im Licht der Taschenlampe. Sie war rot und glänzte. Michael schaute leichenblass auf das Gemälde. Aus einer Tulpe tropfte frische Farbe. Er trat einen Schritt zurück. Die Blume, sie bewegte sich! Sie pulsierte und die Farbe wurde allmählich dunkelrot. Ein Rinnsal hatte sich gebildet und tropfte zu Boden. Michael starrte auf das Gemälde, ohne sich zu bewegen. Seine Hand, die das Handy hielt, zitterte.

»Das ist Blut«, keuchte Karo in seinem Rücken. »Sieh mal, die Tulpe, sie gleicht einem schlagenden Herz.« Michael traute seinen Augen nicht, er konnte es deutlich erkennen. Als wäre das nicht genug, erschütterte ein Erdbeben die Jugendstilvilla in ihren Grundfesten. Michael reagierte rasch. Er packte Karo am Arm und zerrte sie weg, sie liefen durch die Zimmer, hetzten auf ein Fenster zu und kletterten hinaus.

Im Garten angelangt, bahnten sie sich einen Weg durch die Sträucher, irgendwie, nur weg von dieser verfluchten Villa. Sie stolperten über einen verwucherten Hügel. Im Mondlicht konnten sie ein kleines metallenes Kreuz sehen, inmitten eines hohen Baums. Es war kaum zu erkennen.

»Da sind sie«, hauchte Karo außer Atem. »Da hat sie sie begraben.«

Abermals bebte die Erde, begleitet von einem tiefen Brummen. Die Villa ächzte. Michael und Karo schauten zurück zu dem alten Gebäude. Ein Teil des maroden Daches stürzte soeben krachend ein. Karo starrte an die Stelle, wo noch vor einigen Sekunden ein Giebel sichtbar gewesen war. Hatten sie etwas damit zu tun? Hatten sie den Frieden des Hauses und der Gräfin gestört? War das Erdbeben ihr Zorn darüber? Karo schüttelte die Gedanken ab.

»Nichts wie weg!«, schrie Michael, als der Boden unter ihnen erneut bebte. Die beiden jungen Leute hetzten weiter. Sie kletterten über den Zaun, liefen durch den Park, die Birkenallee hinauf. Erst vor der Haustür von Karos Elternhaus machten die beiden halt.

»Bitte komme noch mit rein, ich brauche dich«, keuchte Karo verschwitzt und zittrig.

»Ja, ich dich auch. Ich kann nicht glauben, was ich gesehen habe«, stöhnte Michael, noch immer blass. »Bitte erzähle es keinem.«

»Werde ich nicht«, versprach ihm seine Freundin.

In dieser Nacht war an Schlaf nicht zu denken.

Am nächsten Tag traute Karo ihren Ohren nicht, als sie Radio hörte. Das Dorf war das Epizentrum eines leichten unerklärbaren Erdbebens gewesen ...

## Stille

In der Stille hab ich sie gespürt,
die göttliche Kraft hat mich berührt,
für einen Moment war alles klar,
ich fühlte mich dem großen Ganzen so nah.

Die Zeit stand still im Augenblick,
mit ihr das gesamte Weltgeschick,
Kein Gedanke, der Kopf war leer,
nichts erschien mir mehr zu schwer.

In Verbindung mit allem, was da lebt,
was zum Himmel aufwärts strebt,
in Einfachheit sich zu erkennen,
Sich als Teil des Universums zu benennen.

## Yara

Diese vielen bunten Steine! Sie sind wunderschön. Verträumt nimmt das Mädchen einen funkelnden Stein in die Hand. Er glitzert in den Sonnenstrahlen, die sich im Wasser brechen. Aber selbst dieses Schauspiel kann ihre Einsamkeit nicht vertreiben.

Sie hebt den Kopf, durchbricht die Wasseroberfläche und sieht sich um. Wo sind sie denn, diese Menschen? Heute ist ein herrlicher Tag, aber keiner da? Das Mädchen hebt beide Hände, schlägt mit der Flosse, um etwas besser sehen zu können. Der Strand, er ist menschenleer.

»Wieso bist du schon wieder hier?«, fragt ihre Mutter ärgerlich. »Du weißt doch, du darfst dich den Landmenschen nicht nähern. Sie würden es nicht verstehen, dass ...«

»Ich weiß, Mama. Aber sieh mal, was für schöne Steine hier im Sonnenlicht liegen.«

»Kind, wenn du dich dem Ufer näherst, kann es sein, dass du entdeckt wirst.«

»Ja, Mama, das sagst du immer.«

»Schlimmer noch«, ruft eine tiefe Stimme, »Im seichten Wasser kannst du nicht schwimmen, nicht fliehen, bist nicht beweglich. Du hast keine Beine, mein Kind, wie die Menschen am Land. Wann begreifst du es endlich?«

»Ja, Papa«, erwidert das Mädchen. Sie schwimmt mit wenigen Schlägen ihrer Schwanzflosse zu ihren Eltern. Noch einmal wendet sie sich um, schaut zum Ufer mit den bunten Steinen. Wehmütig lässt sie den Blick schweifen. Kleine Häuschen in der Ferne, Felder, Berge. Das Dunkelgrün der Wälder spiegelt sich in der spiegelglatten Wasseroberfläche. Am Himmel über ihr stehen kleine weiße Wolken. Es weht kein Lüftchen. Vögel zwitschern, singen ihr Morgenlied. Die Luft, wie schön es doch ist, sie auf der Haut zu spüren.

»Yara, komm doch endlich!«, ruft ihre Mutter. Sie ist nochmal aufgetaucht, um nachzusehen, wo ihre Tochter bleibt.

Yara taucht ab, flink wie ein Delphin. Das tiefe Blau des Wassers, was ist es schon im Vergleich zu der bunten Welt dort oben? Hier ist sie einsam. Ihre Eltern sehen es nicht. Das Wasservolk möchte unter sich bleiben, ungestört. Die Landmenschen schätzen sie nicht, weil sie sie nicht kennen. Das ist zumindest Yaras Meinung. Ja, natürlich weiß Yara über die schreckliche Geschichte Bescheid, ihre Großmutter hat sie ihr mehrmals erzählt: Einer der Wassermenschen wurde vor Jahrzehnten gefangen, er war unachtsam und hat sich den Landmenschen genähert. Nun, er wurde zu einer Zirkusattraktion und ist an Traurigkeit gestorben. Wassermenschen brauchen ihre Freiheit, können nicht in Gefangenschaft leben.

Für Yara ist die Geschichte ein schockierender Einzelfall. Die Menschen dort oben sind nicht anders, empfinden mit Sicherheit gleich. Sie haben Gefühle, eine wunderbare Sprache, können Freude und Leid empfinden. Yara hat sie beobachtet. Aber das darf niemand wissen. Landmenschen haben Kinder, die sie über alles lieben. Ist das nicht das Wichtigste? Nur die Sache mit den Beinen ... Der größte und gravierendste Unterschied.

Yara fährt sich mit den Fingern durch ihr dunkelviolettes, langes Haar, betrachtet ihre blasse Hand mit den dunklen Fingernägeln. Würde sie auffallen, wenn sie Beine hätte?

Sie sitzt auf ihrem Lieblingsfelsen in vollkommener Finsternis. Ja, sie kann im Dunkeln sehen, Farben erkennen.

Eine ihrer vielen besonderen Eigenschaften. Landmenschen sind in der Dunkelheit blind, aber sie brauchen auch nicht sehen zu können. Sie haben sich zu helfen gewusst und diese tollen Dinge gebaut. Sie können die Nacht erleuchten, fantastisch. Und diese seltsamen Fortbewegungsmittel zu Land, zu Wasser und in der Luft. Oh, Yara möchte viel mehr kennenlernen, erfahren, erforschen.

»Träumst du schon wieder?«, fragt ihre ältere Schwester Toja.

»Vielleicht«, erwidert Yara. Toja ist ein Stück größer als sie selbst und hat smaragdgrünes Haar. Sie ist wunderschön. Aber sie hat keine Zeit für Yara. Das schmerzt das Mädchen ungemein. Ununterbrochen flirtet Toja mit diesem Typen. Man muss sich vorstellen, er hat einen ultramarinblauen Teint und ockerfarbenes wuscheliges Haar. Was findet sie an ihm? Yara ist hie und da so wütend und so einsam. Schwimmt im See, trifft kaum Kinder gleichen Alters zum Plaudern, zum Fröhlichsein. Aber danach sehnt sich Yara so sehr.

Hier in diesem See im Herzen Europas gibt es nicht viele Wassermenschen. Ihr Stamm ist klein und übersichtlich. Das Leben langsam und schwerfällig, oder eben gemütlich. Jeder hat seine Arbeit, seine kleine feine Familie, sein Zuhause. Es gibt nichts Aufregendes, nichts, was lebendig macht.

Tage später trifft Yara eine Entscheidung. Sie möchte nicht auf ihre Familie hören, nicht das Gleiche tun, was sie von Generation zu Generation übermittelt bekommen haben. Sie möchte neue Weg beschreiten, raus aus dieser Ödnis, rein ins Leben! Sie ist zwar erst dreizehn Menschenjahre alt, aber egal!

Yara nimmt ihren ganzen Mut zusammen und schwimmt zum Ufer mit den bunten Steinen. Es ist Mittagszeit und obendrein ein herrlicher Badetag. Die Sonne strahlt vom wolkenlosen Himmel. Menschen tummeln sich am Ufer. Glück und Freude scheinen Wellen im See zu schlagen.

Yara hat ein gutes Gefühl. Sie taucht zu einer Gruppe von Kindern, die bunte Steine sammeln.

»Hey!«, sagt sie. »Was macht ihr da?« Yara liegt im Wasser, verbirgt gekonnt ihre Flosse. Sie kann die Sprache der Menschen, hat sie gelernt, im Geheimen, versteht sich.

»Wer bist du denn?«, fragt ein Mädchen. »Was sind das denn für Haare?«

»Ich bin Yara.« Oh Gott, ist sie aufgeregt. Sie zittert leicht.

»Wo kommst du her? Ich habe dich noch gar nicht am Ufer gesehen?«, wird sie von einem anderen Kind gefragt.

»Ich war nur schwimmen und bin wieder zurückgekehrt«, erklärt Yara selbstbewusst.

»So? Vom anderen Ufer?«

»Oh ja«, meint Yara freudestrahlend für den Einfall.

»Na, da bist du echt gut. Das sind ja Kilometer.«

»Bist du auch auf Urlaub hier?«, lautet die Frage eines jüngeren Mädchens.

»Ja, sicher«, murmelt Yara und deutet auf den Stein in

der Hand des Kindes. »Dieser hier ist am schönsten, findest du nicht auch?«

»Oh ja. Er funkelt.« Es sieht Yara ins Gesicht »Irgendwie siehst du seltsam aus. Deine Augen, sie sehen aus wie der See selbst.«

»Ein bisschen gruselig. Es scheint, als würde sich da etwas bewegen in deinen Pupillen«, stellt ein älteres Mädchen überrascht fest. »Wieso liegst du im Wasser und stehst nicht auf?«, fragt es und weicht einen Schritt zurück.

»Weil es für mich angenehmer ist«, stottert Yara.

»Du bist aber komisch«, bemerkt ein kleines rothaariges Kind. Blicke mustern sie neugierig und auch leicht ängstlich. Eine Mutter kommt herbei, zieht ihr Kind von Yara weg.

Yara fühlt sich in ihrer Haut nicht mehr wohl. Eine Unruhe steigt in ihr auf. Sie sieht in die Runde. Die Kinder haben einen Kreis um sie gebildet, starren sie an.

»Zieh endlich diese Flosse aus!«, ruft ein Mädchen ihr zu. »Du musst hier nicht auf Meerjungfrau machen!«

Erst jetzt bemerkt Yara, dass sie ins seichte Wasser geraten ist und man ihren Fischkörper sehen kann.

»Wow, das ist cool. Superkostüm, Yara«, bemerkt jemand. »Kann ich es auch mal probieren?«

Yara schüttelt den Kopf. Sie stemmt sich auf die Arme und schiebt sich rückwärts, zurück in die Tiefen des Sees.

»Die ist echt!«, ruft ein Kind aufgeregt. »Sie ist eine Meerjungfrau!«

»In einem See?«, meint ein Mädchen skeptisch. »Es heißt

doch Meerjungfrau und nicht Seejungfrau.«

Die Mutter, die zuvor ihr Kind von Yara weggezogen hat, kommt in Begleitung von Eltern, möchte ihnen die vermeintliche Meerjungfrau zeigen.

»Wo ist sie?«, fragt sie verdutzt.

»Weiß nicht, plötzlich war sie weg«, erklärt ein Kind verwirrt.

Yara ist zu ihrer Familie zurückgekehrt. Ihr Traum von den Landmenschen ist etwas getrübt, aber irgendwann wird sie es erneut probieren und mit ihnen Freundschaft schließen. Vielleicht an einer anderen Stelle des Sees ...

»Oh, Mama, das war eine komische Geschichte«, murmelt Sophie und schüttelt den Kopf.

»Wieso denn?«, fragt ihre Mutter.

»Kein Happy End, Mama? Wird Yara es wieder probieren?«

»Sicher, Yara gibt niemals auf. Und wer weiß, vielleicht trifft sie ja auf ein Mädchen mit dem Namen Sophie und freundet sich mit ihr an.«

»Ja«, strahlt die Kleine. »Weißt du, Mama, ich möchte keine Meerjungfrau sein.«

»Ach so, seit wann?«

»Yara ist so einsam unter Wasser, und ich habe viele Freundinnen und das Licht und die Luft.«

»Und die Farben«, meint ihre Mutter. Sie küsst Sophie auf die Stirn und wünscht ihr eine gute Nacht.

»Mama, ich bin froh, dass ich da bin und so bin, wie ich bin.«

»Also keine Meerjungfrau mehr?«

»Nein!« Sophie umarmt ihre Mutter.

## Erinnerung an Mama

Wolkenverhangen. Regen. Dunkelheit.
Aber: Es ist ein Anfang, wo ein Ende ist.
Wo jetzt noch Wolken sind, wird die Sonne wieder scheinen, der Himmel blau werden.
Das Ende wird ein Anfang sein.
Auch wenn das letzte Blatt gefallen ist, wird wieder etwas Wunderbares entstehen.
Ein neuer Stern wird im Licht geboren, ein Engel im Himmel.

## Gruß aus dem Jenseits

Es war etwas mit ihm im Raum, irgendetwas. Er richtete sich auf. Die Garage sah wie immer aus. Seine blaue Maschine stand blitzeblank geputzt inmitten von Kramuri, das sich in den Jahren angesammelt hat. Trotzdem wirkte die Garage anders. Feindlich. Er unterdrückte den Fluchtinstinkt, schluckte, nahm das Putztuch erneut zur Hand und polierte die Rückspiegel des Motorrads.

»Wuff!«, sagte ein Hund unvermittelt und erschreckte ihn fast zu Tode. Schweißperlen erschienen auf der Stirn des Mittvierzigers. Wäre doch seine Frau noch am Leben. Diese Einsamkeit machte ihn fertig. Vor mittlerweile fünf Jahren hatte sie sich das Leben genommen. Wieso? Eine schwere Depression. Sie wollte immer Kinder, aber es war ihnen nicht vergönnt. Und dann kam sie, diese schlimme Krankheit. Maria ist von einem Psychiater zum anderen gegangen, aber keiner konnte ihr wirklich helfen. Oh, wie gerne hätte sie vor vielen Jahren ein Kind adoptiert, ein Baby bei sich aufgenommen, aber es war alles schiefgelaufen.

Paul schielte zur fast leeren Wodka-Flasche auf dem Regal neben ihm. Der einzige Trost für viele Monate, Jahre.

»Liebling«, säuselte eine Stimme in sein Bewusstsein.

»Maria?«, erwiderte Paul irritiert. Nein, nein, schon wieder hörte er Stimmen. War er schizophren? Er wandte sich um, schaute in alle Richtungen, ließ seinen Blick schweifen. Nichts. Was für ein Unsinn! Seine geliebte Maria war tot, begraben, nicht mehr da.

»Paul, mein Liebster«, flüsterte es in seinem Kopf.

»Du bist tot«, erwiderte er in Gedanken und hielt sich die Ohren zu. Eine Träne bahnte sich ihren Weg über seine Wange. Er ließ das Putztuch fallen und verließ fluchtartig die Garage. Er hetzte in seine Zweizimmerwohnung. Er wohnte erst seit kurzem hier, eigentlich seit seine Frau Suizid begangen hatte. Maria hatte ihn verlassen. Jawohl. Wie egoistisch! Er sollte sie dafür hassen ... Hätten sie nicht ein schönes Leben gemeinsam haben können? Ihren Lebensabend miteinander verbringen? Und jetzt?

Paul setzte sich auf das Sofa und schaute aus dem Fenster. Inzwischen war es dunkel geworden. Das Fensterglas spiegelte sein Antlitz wider.

»Paul«, wisperte es.

Er schüttelte sich. Eine Kältewelle packte ihn urplötzlich.

»Liebling«, wiederholte die vertraute Stimme.

Paul war unheimlich zumute. Er konnte das Zittern nicht unterdrücken. Marias Worte klangen sanft, aber zugleich gruselig. Sie kamen von außen, nicht aus seinen Gedanken, da war er sich sicher.

»Sieh mich an«, raunte Maria.

Paul sah auf. Sein Blick fiel auf das Spiegelbild am Fensterglas. Er konnte das Sofa sehen, sich und ... Paul gefror das Blut in den Adern. Neben ihm auf dem Sofa saß seine Frau, seine geliebte Maria. Die Spiegelung im Glas war eindeutig. Aber aus dem Augenwinkel konnte er klar erkennen, dass er alleine auf der Bank war. Alleine! Aber das Spiegelbild seiner Frau winkte ihm zu.

»Mein Schatz«, flüsterte Maria. »Ich habe dich immer geliebt«, setzte sie fort und ließ die Hand auf ihren Schoß gleiten. Sie sah ihn jetzt direkt aus dem Fensterglas an. Ihre Blicke trafen sich. Paul erschauderte.

»Ich wusste keinen Ausweg. Es tut mir unendlich leid. Immerzu habe ich versucht, mit dir Kontakt aufzunehmen, aber es blieb mir verwehrt.«

Paul schwieg und starrte auf das Spiegelbild seiner Frau.

»Ich wurde dir zur Last, ich konnte es spüren.«

Der Mann versuchte, etwas zu erwidern, aber er brachte kein Wort zustande.

»Lass mich los, Paul. Lebe dein Leben und werde glücklich. Bitte. Ich liebe dich.«

Nach diesen Worten verschwand Marias Spiegelbild. Paul starrte noch minutenlang auf die dunkle Scheibe.

Am frühen Morgen erwachte Paul schweißgebadet auf dem Sofa. Sein Blick wanderte sofort zum Fenster. Es war helllichter Tag, die Sonne schien vom blauen Himmel. Paul sah sich um. Eine leere Wodka-Flasche stand vor ihm auf dem Couchtisch. Daneben einige Dosen Bier. Paul hielt sich den

Kopf. Er dröhnte. Was für ein irrsinniger Traum. Maria ... Paul versuchte aufzustehen, mein Gott, war ihm schwindelig! Er hatte Schwierigkeiten, das Gleichgewicht zu halten. Wenige Schritte, dann stürzte er zu Boden.

»Verdammt!«, fluchte er. Sein Blick fiel auf ein Porträtfoto seiner verstorbenen Frau, das vor ihm im Regal stand. Sekundenlang starrte er es an. Irgendetwas schien anders. Nach einer Minute wusste er es. Maria hatte ihren Blick abgewandt. Sah nicht mehr direkt in die Kamera, sondern zu Boden. Seltsam. Er musste sich irren. Paul lief wieder ein Schauder über den Rücken, als er erkannte, wohin Maria sah.

Ein Ring, ein goldener Ring lag vor ihm auf dem Parkettboden, am Fuße des Buchregals. Oh, wie lange hatte er ihn gesucht! Den Ehering seiner Frau. Langsam krabbelte er vorwärts. Ihm war noch immer schwindelig. An Aufstehen war nicht zu denken. Vorsichtig griff er nach dem Ring.

Als er ihn in seiner Hand hielt, spürte er einen Impuls, begleitet von Kraft und Freude. Tatsächlich, tiefer echter Freude, die er, seitdem seine Frau von ihm gegangen war, nicht mehr verspürt hatte. Mit einem Mal richtete sich Paul auf, schritt ins Schlafzimmer und öffnete die Schublade seines Nachtkästchens. Er nahm die kleine Schmuckschatulle zur Hand und legte den Ehering hinein. Danach zog er seinen vom Ringfinger und gab ihn vorsichtig dazu. Rasch stellte er die Schatulle an ihren Platz zurück, ging ins Wohnzimmer und schaute zu dem Porträt seiner Frau. Fröhlich blickte sie ihm entgegen, direkt in die Kamera. Das Foto sah wieder aus wie immer. Paul nickte ihr zu. Vielleicht irrte er sich, aber für einen Moment glaubte er, dass Maria ihm zuzwinkerte.

Er schüttelte den Kopf. Ein Lächeln huschte über sein sonst so ernstes Gesicht. Er konnte sich nicht erklären, was mit ihm geschehen war. Waren es die versöhnlichen Worte seiner Frau? Dass ihr alles leidtat? Keine Ahnung. Paul öffnete das Fenster und ließ die kühle Morgenluft ins Wohnzimmer. Er atmete einige Male tief durch, danach räumte er die Flaschen weg und schwor sich, nie mehr Alkohol anzurühren. Abermals fiel sein Blick auf das Foto seiner Frau. »Ich liebe dich«, dachte er beim Vorübergehen. »Aber du hast recht, ich lebe und ich fange jetzt neu an.«

Eine halbe Stunde später verließ Paul die Wohnung. Der Rausch war wie von Zauberhand verflogen, alles was von ihm geblieben war, war leichtes Kopfweh. Raschen Schrittes ging er zu seiner Garage, nahm die dunkelblau blankpolierte Maschine und fuhr los. Zunächst würde er sich ein Frühstück holen, dann mit Freunden treffen und wer weiß? Vielleicht endlich sich ein Rendezvous mit Nina vereinbaren, die er schon so lange vertröstet hatte.

Es war Sonntagmorgen und etwas Neues lag in der Luft. Ein Neuanfang.

## Kunterbunt

Momentan geht alles rund,
das Leben, es ist kunterbunt,
die Fehler, die vermehren sich,
es ist zum Teil ganz fürchterlich.

Alles purzelt hin und her,
dreht sich im Kreis, steht nimmermehr,
fällt alles um, bleibt dann auch liegen
und lässt sich nicht geradebiegen.

Das Leben ist kein Ponyhof,
es läuft doch manchmal ziemlich doof
und mittendrin bin ich ganz dumm,
schau mir das an und bleibe stumm.

## Das geheimnisvolle Lachen

Nebelschwaden zogen über die alte Friedhofsmauer. Ein Käuzchen rief in der Ferne aus dem nahen Wald. Rala, eine kleine Bolonka-Hündin hielt inne. Wollte sie das wirklich?

»Komm schon, Frau Kollegin«, sagte Rumo. Er war bereits alt und hatte eine Menge gesehen und erlebt. Es gab nicht viel, das ihn aus der Ruhe bringen konnte.

»Ich kann das nicht, Inspektor«, wisperte die Hündin.

»Unsinn«, murmelte der Welshcorgi-Rüde leise. »Da ist nichts. Du hast dich sicher getäuscht. Es ist ruhig und still hier. Von den Toten hast du nichts zu befürchten.

»Da spukt es«, wisperte Rala. »Die Friedhofskatze hat es mir erzählt und du weißt doch, die hat immer recht.«

»Hm«, meinte der alte Corgi gemächlich. »Vielleicht hat ja sie die Vögel auf dem Gewissen?«

»Nein, sie hat geschworen, sie hat mit dem Gemetzel nichts zu tun.«

»Sie ist eine Katze, Frau Kollegin.«

»Aber sie ist zu alt für die Jagd und fürchtet sich selbst, Herr Inspektor. Die unheimlichen Geräusche und die vielen Blutspuren und Federn der Vögel.« Rala schüttelte sich.

»Nun gut, dann lass uns doch einmal nachsehen, Frau Kollegin.«

Rala nahm ihren ganze Mut zusammen und krabbelte voraus unter dem alten schmiedeeisernen Friedhofstor hindurch. Danach folgte Rumo schnaufend und schnaubend. Fast wäre er steckengeblieben. »Bin doch zu alt für sowas. Hättest mir ruhig das Tor aufmachen können.«

»Das ist nachts immer zugesperrt.«

»Wieso?«, brummelte Rumo und schüttelte sich. »Glauben die Menschen, dass ihre Toten herumwandern?«

»Wahrscheinlich«, flüsterte Rala mit hängender Rute.

»Geister können überall hin, da hilft keine Tür, kein Tor, keine Mauern ...«, sinnierte Rumo genüsslich. Es machte ihm Spaß, seine Kollegin zu verunsichern. Rala hielt inne und sah ihn mit angsterfüllten Augen an.

»War nur ein Scherz. Es gibt keine Geister. Also wo ist es passiert?« Rumo hielt die Schnauze in die Luft und schnüffelte. »Moder«, murmelte er. »Und vor allen Dingen, Frau Kollegin, was ist geschehen?«

»Aber das habe ich dir gestern erzählt«, raunzte Rala. Sie wollte partout nicht alles noch einmal berichten. »Wir haben uns ja deshalb um diese Zeit hier getroffen.«

»Noch einmal«, seufzte Rumo. Er war alt und vergesslich. Alles, was er sich merken konnte, war, woher er das beste Futter bekam.

»Also gestern sind Vögel verschwunden und man hat Federn und Blut auf dem Boden in der Nähe der Gruft mit dem

Engel auf dem Dach, gefunden. Und die Katze sagt, dass von dort seltsame Geräusche ertönen, immer in der Nacht. Sie meint, dass sie so etwas Schauriges noch nie gehört hat.«

»Tierischen Ursprungs?«

»Glaubt sie nicht.«

»Aber es wurden Vögel ermordet, sagst du?«

»Ja!«

»Geister fressen keine Vögel«, überlegte der alte Corgi laut.

»Das weiß ich nicht«, erwiderte die kleine schwarze Hündin angespannt.

»Hm, ich denke, wir sollten uns den Tatort einmal ansehen.« Rumo sah sich um. »Wohin müssen wir?«

»Also, die Friedhofskatze hat gesagt, vom großen Tor aus nach rechts, bei der Kapelle vorbei, danach in die breite Allee. Dort würden wir die Gruft bald sehen.«

Rumo nickte und setzte sich gemächlich in Bewegung. Rala folgte ihm zittrig.

»Es ist friedlich hier«, murmelte Rumo. »Sieh mal, die Menschen denken an ihre Toten mit diesen roten Kerzen.«

»Das ist Feuer, Rumo«, erwiderte Rala entsetzt. »Überall!«

»Kann doch nichts passieren«, seufzte der Rüde tief. Seine Kollegin musste noch viel lernen. Nicht jede Art von Feuer war gefährlich.

Die beiden Hund trotteten nebeneinander an der Kapelle vorbei, deren mächtiger Schatten sie für einen Augenblick schluckte. Danach bogen sie, genau wie die Katze beschrieben hatte, in die Hauptallee ein.

»Wo ist dieser Engel?«, wollte Rumo wissen. »Was ist das überhaupt?«

»Ein Mensch mit Flügeln«, erklärte Rala. »Ich kann ihn bereits sehen, folge mir.«

»Wie bitte? Ein Mensch mit Flügeln, Frau Kollegin?«, fragte Rumo amüsiert. »Wie kommt man denn auf so eine Idee?«

»Himmlische Wesen, Herr Inspektor. Die Katze ...«

»Ja, ja, sie weiß alles und hat es dir erklärt.«

»Wir sind da«, flüsterte Rala.

Rumo blieb vor der Gruft stehen und starrte die Engelsfigur im Mondschein lange an. »Interessant«, meinte er schlussendlich. »Gut, dann lass uns doch einmal die Gruft durchsuchen.«

»Wir können da nicht rein«, meinte Rala verlegen.

»Und was bitte sollen wir hier machen? Wie hast du dir das vorgestellt, Frau Kollegin?«

In diesem Moment erfüllte ein grässliches schauriges Lachen die Luft. Rala machte einen Satz hinter Rumo und verbarg ihre Schnauze mit den Pfoten.

»Interessant«, murmelte Rumo nur. Er begann mit der Nase am Boden alles abzuschnüffeln. »Interessant«, meinte er erneut. »Komm bitte, Frau Kollegin. Deine Nase ist jünger und dein Gehör besser.«

Rala hob den Kopf. Das Gelächter hatte aufgehört und

es war wieder still, zu still für die kleine, nervöse Hündin. Zaghaft folgte sie Rumo zwischen den steinernen Pfeilern hindurch zum Tor der Gruft. Sie schluckte ihre Angst hinunter, schnüffelte tapfer alles ab, lauschte, suchte. Nur Stein und ein einziges eisernes Tor, das verschlossen und teilweise mit Efeu überwuchert war. Überhaupt sah es hier so aus, als wäre seit ewigen Zeiten keine Menschenseele mehr hier gewesen. Keine Kerze, nur Wucherpflanzen, Bäume und Stein.

Sie umrundeten die Gruft, ein kleines tempelartiges Gebäude von Steinpfeilern und rostigen schmiedeeisernen Ketten umzäunt. Abermals ertönte das böse Lachen aus dem inneren des steinernen Tempels. »Nein«, bebte Rala und hielt sich abermals die Pfoten vor die Schnauze.

»Ganz ruhig, Frau Kollegin.« Rumo lauschte, hielt sein Ohr an den Stein. »Innen ist es hohl«, erklärte er angespannt der Hündin. »Das Lachen erzeugt einen Nachhall.« Er tastete sich vorwärts, immer an der Steinmauer entlang. »Hm, jetzt wird es etwas lauter. Ich denke, der Stein hat hier irgendwo eine Lücke.« Rala sah auf.

»Ja, genau, wie ich es mir gedacht habe.«, stellte Rumo nach einigen langen Minuten zufrieden fest. »Hier ist es.«

Unter Wurzelwerk und Laub, knapp oberhalb des Erdbodens war der Stein geborsten. In diesem Augenblick raste ein pelziges Wesen an Rumo vorbei hinaus aus der Gruft.

»Was war das?«, kreischte Rala entsetzt. Sie hatte ihren

ganzen Mut zusammengenommen und sich zu ihrem Chef begeben, aber nun hockte sie zusammengekauert mit eingezogener Rute und zurückgelegten Ohren am Boden.

»Ich kenne diesen Geruch, Frau Kollegin«, meinte Rumo mit erhobener Nase. »Aber es will mir momentan nicht einfallen.« Er betrachtete abermals die Lücke im Stein. »Ich bin zu dick, aber du, Frau Kollegin, kannst dich da hindurchzwängen und Ausschau halten.«

»Was? Wie?«, bibberte Rala.

»Wir haben es hier mit Tieren zu tun und nicht mit Geistern. Das kannst du mir glauben.«

Rala kroch näher an das Loch heran. »Da durch?«, wisperte sie panisch.

»Du willst doch deine nächste Prüfung bestehen, Frau Kollegin«, erklärte Rumo.

»Ja, schon.« Rala blickte zu ihm hoch.

»Also, das ist sie. Du kletterst durch diese Lücke und erstattest mir Bericht.«

»Aber ...«, winselte Rala kleinlaut.

»Die Prüfung.« Rumo sah sie durchdringend an.

»Ja, Herr Inspektor.« Rala schüttelte sich, schnüffelte und kroch durch das Loch in das Innere der Gruft.

»Bist du da?«, fragte Rumo.

»Ja«, erwiderte Rala. »Es ist stockfinster. Ich kann nichts sehen.«

»Benütze deinen Instinkt. Vertraue ihm. Du bist ein Raubtier. Du hast eine ausgezeichnete Nase und gute Ohren.«

»Und Schnurrbarthaare«, lachte eine Stimme aus der Gruft.

»Was? Wer war das?«, rief Rumo. Ein Schauder lief ihm über den Rücken und seine Haare sträubten sich.

Rala drückte sich in eine Ecke und machte keinen Mucks. Wer hatte soeben gesprochen? Abermals lachte etwas ganz in ihrer Nähe.

Nein, sagte sich Rala nach einigen Sekunden. So nicht! Ich bin ein Raubtier, jawohl. Rala ließ ihr lautestes und wildestes Knurren hören. »Wer spricht hier?«, knurrte sie. »Gib dich zu erkennen.«

»Du hast hier nichts verloren, Hund«, vermeldete eine hohe Stimme lachend.

»Geist, verschwinde«, bellte Rala. Sie versuchte die aufkeimende Panik zu ersticken.

»Nein, du gehst. Krabbel zu deinen sabbernden alten Köterfreund. Der stinkt bis hierher.«

Der Geruch, genau. Das war es. Rala hielt inne, schnüffelte. Nein, das war nicht Rumo, sondern ein anderes Tier. Ein Bewohner des Waldes, kein Gespenst.

»Ich weiß es«, bellte Rumo plötzlich. »Das sind Füchse. Du bist in einem Fuchsbau, Rala. Pass auf!«

»Ja und ich habe es hier mit einigen vorlauten Kindern zu tun«, erwiderte Rala mutig. »Ihre Mutter haben wir vertrieben, sie ist vorhin an uns vorbeigesaust.«

»Was? Sie hat ihre Kinder alleine gelassen?«, fragte Rumo.

»Sie kommt gleich wieder«, erwiderte ein Fuchskind lachend.

»Na, mir wäre nicht zum Lachen«, vermeldete Rala.

»Ich Idiot! Das sind Füchse, Frau Kollegin. Sie können nicht bellen, sie lachen.«

»Oh«, murmelte Rala.

»Dass ich da nicht früher darauf gekommen bin! Aber egal. Rätsel gelöst«, seufzte Rumo. »Du kannst wieder herauskommen.«

»Aber die Fuchskinder«, meinte Rala. »Sie sind alleine ...«

»Beeile dich. Ihre Mutter wird sicher bald zurückkommen. Vermutlich hat sie Futter gesucht. Wenn die Füchsin dich bei ihren Jungen antrifft, wird sie fuchsteufelswild sein. Also verschwinde von da. Rasch.«

Rala machte einen Satz auf das hell schimmernde Loch zu, krabbelte hindurch und kam neben Rumo zum Stehen. Sie schüttelte sich und schnaufte mehrmals durch.

»Gut gemacht, Frau Kollegin«, lobte sie Rumo. »Lass uns nach Hause und endlich schlafen gehen. Morgen erzählst du der Friedhofskatze von unserer Entdeckung und von des Rätsels Lösung.«

»Herr Inspektor«, murmelte Rala, als sich die beiden Hunde wieder auf den Rückweg zum schmiedeeisernen Tor machten. »Dürfen die Füchse denn hier wohnen? In einer Gruft auf dem Friedhof?«

»Dürfen? Nein, aber die Menschen wissen nichts davon und den Toten wird das wohl egal sein.«

»Ein Unterschlupf für den Winter. An sich keine schlechte Idee, wenn man kein warmes Zuhause hat, wie wir.«

»Du sagst es, Frau Kollegin.« In diesem Moment verspürte Rumo eine große Dankbarkeit für sein warmes Plätzchen am Kaminfeuer und Rala erging es ebenso ...

# Der Eisbär

»Alles schmilzt!«, stammelt das Eisbärenkind erschöpft. Es sucht sich einen Platz bei seiner Mutter und rollt sich ein. Die Dämmerung hat eingesetzt und die Kälte dringt bis in die Tiefen der Höhle.

»Wovon sprichst du mein Kind?«, fragt seine Mutter. »Wo warst du überhaupt?«

»Dort wo die letzten Sonnenstrahlen das unendliche Eis beleuchten.«

»Und was hast du gesehen?«

»Das Eis bricht, Mama. Unser Eis.«

»Ich weiß«, murmelt die Bärin. »Wir werden uns bald ein neues Zuhause suchen müssen.«

»Wirklich?«, fragt das Kind entsetzt. »Aber meine Freunde sind hier und ...«

»Lass uns morgen weitersprechen. Gute Nacht, mein Schatz.«

Die Bärin gibt ihrem Sohn einen Nasenstupser und schließt die Augen.

Das Bärenkind liegt noch lange wach. Es hat seiner Mutter nicht alles erzählt. Wer konnte ahnen, dass sich eine Eisscholle unter seinem Gewicht vom Festland lösen würde ...

Es ist um sein Leben geschwommen. Fast hätte ihn ein Orca verschlungen.

»Guten Morgen, Langschläfer!«, hört der junge Eisbär eine zarte Stimme. Oh, wie mag er sie. Seine Freundin. Das Eisbärenmädchen.

»Was machen wir heute?«, fragt sie und legt ihre Pranke auf seinen Rücken. »Menschen angaffen?«, kichert sie verlegen. »Die sind ja so dumm!«

»Was? Wieso Menschen?«, stammelt der junge Eisbär verwirrt und reißt die Augen auf.

»Weil sie bald kommen. Der Zoo öffnet in Kürze.«

»Was? Welcher Zoo?«

»Stell dich nicht so begriffsstutzig an!«, ärgert sich die Bärin. »Also ich werde heute ins Wasser springen, dann bekomme ich sicher vom Wärter einen Extrafisch geschenkt.«

»Wo ist meine Mama?« Der Eisbär sieht sich im Gehege um.

»Du hast keine Mutter«, erwidert seine Freundin verwundert. »Du bist alleine hierher gekommen. Hast du das vergessen?«

Der junge Bär seufzt leise, schüttelt seinen Kopf und folgt seiner Freundin ins Außengehege. Schon wieder dieser Traum! Er war so real gewesen!

»Aber meine Tante ist ja da!«, murmelt das Bärenmädchen. »Du magst sie doch.«

»Ja, schon. Aber ich hab von Mama geträumt.« Der Jungbär setzt sich vor die Glaswand und starrt hinaus auf den menschenleeren Zoo. Es ist Sommer. Er fühlt sich wie in einer falschen Welt. Seine Artgenossen leben in der Arktis und er in einem Zoo in Europa? Ohne Verwandte? Nur mit seiner Freundin und deren alter Tante? Was ist das für ein Leben?

»Komm schon!«, ruft seine Freundin. »Lass den Kopf nicht hängen. Wir haben es doch schön hier!«

»Das sagst du nur, weil du die Wahrheit nicht kennst«, erwidert der Bär.

Ja, das Bärenmädchen ist in Gefangenschaft geboren und hat keine Ahnung vom wahren Leben der Eisbären. Doch bei ihm wird immer die Sehnsucht bleiben ...

## Der Albtraum

Das Haus erschien in einem eigenartigen Licht. Aber sie hatte keine andere Wahl! Niki musste es wagen. Kurz hielt sie inne, sah sich um. Der dunkle Wald rauschte in ihren Ohren. Sachte drückte sie die Türklinke hinunter. Noch einmal wartete sie einen Augenblick. Nein, sie waren hinter ihr her! Wer? Das wusste sie nicht. Aber eines war gewiss: Man wollte ihr an den Kragen, sie einfangen, um sie dann zu töten. Wie ein wildes Tier.

Niki schlüpfte durch den Türspalt in das mächtige Haus. Sie kannte es nicht. Eine unsichtbare Macht hatte sie hierher gehetzt.

Niki hatte bereits eine haarsträubende Flucht hinter sich. Quer über die Felder, durch den dichten Tannenwald, einen schmalen Weg entlang zwischen knorrigen Obstbäumen hindurch. Bis zu diesem Gebäude. In der Finsternis. Nicht einmal der Mond schien. Der gute alte vertraute Mond! Kein Stern. Nichts. Pechschwarze Nacht!

Niki beleuchtete mit ihrem Handy ihre Umgebung. Sie befand sich in einem großen, hohen Raum. Ein mächtiger steinerner Treppenaufgang ihr gegenüber führte in die nächste Etage. Niki war über die Höhe des Raumes erstaunt.

Eine Eingangshalle mit hohen Fenstern, teilweise zerbrochen, Marmorboden, Statuen. Niki leuchtete einer Figur ins Gesicht. Eine Frau, fein gearbeitet. Eine wahre Bildhauerkunst. Ihr Lächeln, verschwand es? Niki schüttelte den Kopf, als sie erneut die Statue anleuchtete, trotzdem lief ihr ein eiskalter Schauder über den Rücken. Sie wandte sich ab, stieg die erste Stufe hinauf und sah sich um.

Plötzlich knarrte das Tor hinter ihr. Sie hatte es doch verriegelt, oder? Die Frau erstarrte für einen Moment, dann suchte sie verzweifelt ein Versteck. Der Lichtkegel des Handys flog durch die Halle. Unter die Treppe! Rasch! Keuchend kauerte Niki sich unter die Steinstufen in eine Nische und schaltete ihr Handy aus. Sie wartete. Ihr Herz schlug mittlerweile so schnell wie das einer Maus. Niki versuchte, in der Finsternis etwas auszumachen. Eine Bewegung? Sie hielt die Luft an.

Da waren sie, ihre Verfolger, ihre Häscher! Sie standen in der Halle, starr und unbeweglich. Ein gespenstisches Glühen und eisige Kälte schienen von diesen Gestalten auszugehen. Niki konnte sie zwar nicht wirklich erkennen, aber dafür umso deutlicher spüren. Sie sahen menschlich aus, aber irgendwie anders, Niki konnte es sich nicht erklären.

Eines stand für die Frau jedoch fest: Ihre Verfolger waren nicht von dieser Welt. Eindeutig! Sie erschauderte. Wie viele es waren? Niki hatte keine Ahnung. Die Wesen waren nicht zählbar, nicht physischer Natur. Die Frau suchte nach einem Ausweg, als die Gestalten den Raum nach ihr durchforsteten.

Niki wollte nur noch zurück zu ihren Kindern, auf ihren Hof, zu ihren Tieren. Hätte sie wenigstens ihren alten Schäferhund Freddie mitgenommen ... Sie wünschte, es wäre alles ein Traum und sie würde jeden Augenblick aufwachen! Aber diesmal spürte sie, dass es real war. So eine Angst hatte sie ihr ganzes Leben noch nie gefühlt!

Als sich eine Gestalt ihr langsam näherte, sie konnte den glimmenden schwebenden Lichtschein sehen, stürmte Niki blindlings los. Die Treppe aufwärts. Nahm zwei Stufen auf einmal. Stolperte durch die Dunkelheit. Stürzte und schrie vor Schmerz auf. Irgendetwas streifte sie zart. Niki rappelte sich auf, krabbelte unter Tränen auf allen vieren weiter die Treppe hinauf. Egal, was sie oben erwarten würde, nichts wie weg von hier! Sie folgten ihr, knapp! Niki wusste es, auch wenn sie es nicht wagte, sich umzudrehen. Weiter!

Oben im letzten Stockwerk angekommen, humpelte sie nach rechts. Die Fenster? Vielleicht konnte sie irgendwie aufs Ziegeldach gelangen? Sie blieb stehen und versuchte eines zu öffnen. Vergeblich. Eine Tür? Verschlossen, weiter! Der letzte Raum war offen, sie stürmte abermals zu den Fenstern. Versuchte sie einzuschlagen. Keine Chance. Verstecken! Niki holte das Handy hervor und schaltete es ein. Wo sollte sie sich verkriechen? In einem Schrank? Er war einer von vielen. Nein, nicht gut genug, um diesen Wesen zu entfliehen. Eine Luke? Eine kleine Tür in der Ecke des Zimmers? Wohin führte sie? Niki brach sie regelrecht mit Löwenkräften auf und kroch mit zusammengebissenen

Zähnen hinein. Der Geruch von Moder schlug ihr in die Nase. Rasch zog sie das Türchen hinter sich zu und kauerte sich in den winzigen fensterlosen Raum. Wozu er gut war? Eine Besenkammer? Sie wollte ihn soeben ausleuchten, als sie von draußen ein Geräusch vernahm. Ein Surren. Wie fließender Strom, der bei winterlicher Kälte in Hochspannungsmasten hörbar wurde. Niki erschauderte. Sie musste Hilfe holen! Das Handy. Sie hielt es fest umschlossen. Würde sie jetzt endlich ein Funknetz haben? Sie schaute auf das Display. Nein! Niki zitterte am ganzen Leib. Sie schwitzte, wie nie zuvor in ihrem Leben.

Sekunden später wurde sie aus ihrem Versteck gezerrt. Sie wehrte sich, vergeblich. Plötzlich war es taghell um sie herum. Drei Frauen, Mädchen, standen vor ihr und sahen sie mit dunklen seltsamen Augen an. Niki konnte keine Pupillen erkennen. Panik flutete ihre Seele, entsetzliche Furcht.

Die Frau wollte fliehen, als die Mädchen näher kamen, aber sie konnte sich nicht bewegen. Stand wie festgenagelt vor ihnen. Aus irgendeinem Grund verschwammen die drei Mädchen und wurden zu einer mächtigen Gestalt, die sich langsam vor Nikis entsetztem Blick auflöste, genauso wie Nikis eigener Körper! Niki wollte um Hilfe rufen, doch ihr fehlte die Stimme.

Im nächsten Augenblick stand sie vor einem Spiegel und erkannte sich nicht wieder. Sie war eine in grellem Licht gleißende Frau mit schwarzen, pupillenlosen Augen und fließendem weißen Gewand. Nein! Niki wollte weinen, schreien, toben. Aber sie konnte nichts außer ihr Spiegelbild anstarren.

Irgendetwas zupfte an ihr und flüsterte. »Mami, Mami.«

Niki kämpfte sich in die Realität zurück und schlug die Augen auf. Ihre kleine fünfjährige Tochter kuschelte sich soeben an sie. »Mami, wach endlich auf«, flüsterte Carmen. »Freddie hat schon geheult, ich hab ihn rausgelassen.«

»Danke Mäuschen«, erwiderte Niki und gab ihrer Tochter einen Kuss auf die Wange. »Wo ist eigentlich Papa?«, fragte Niki, während sie sich die Haare aus dem schweißnassen Gesicht strich.

»Draußen bei unseren Kühen. Er hat gesagt, dass er dich mal schlafen lässt.«

»Das ist lieb von ihm«, murmelte Niki. Es wäre ihr lieber gewesen, Hans hätte sie aufgeweckt ...

»Wo ist dein Bruder?«

»Robi ist in der Küche, Mama.«

»Danke, meine Kleine.« Niki stieg aus dem Bett und schaute aus dem Fenster in den nebelverhangenen grauen Himmel. »Du hast geträumt, Mami, stimmt's?«, fragte Carmen hinter ihr. »Waren sie wieder da?«

Niki neigte den Kopf. »Ja«, flüsterte sie. Sie verstand nichts von Träumen und das war gut so. Diese vielen verrückten Dinge! Vielleicht würde sie ja beginnen, ein Traumtagebuch zu schreiben, um diesem nächtlichen Wahnsinn einen Sinn zu geben ...

# Die Katze

Es war eine kalte, klare Winternacht. Das Glitzern des Schnees im fahlen Mondenschein verlieh dieser Nacht etwas Magisches. Der Turm der alten Kirche ragte in den Himmel, die verschneiten Tannen wirkten in ihrem Winterkleid wie dick vermummte Riesen. Die Laubbäume reckten ihre kahlen blattlosen Zweige in den Himmel. Sie sahen gespenstisch aus.

Ein Schatten schlich um die Kirche herum, über den alten Friedhof, auf der Suche nach Unterschlupf. Die schmiedeeisernen Kreuze glänzten, die Gräber wirkten wie unter einer weißen Tuchent verborgen. Es war still, der Schnee schluckte jedes Geräusch. Sie bewegte sich lautlos. Sie benötigte dringend einen Unterschlupf, wenn sie überleben wollten. Sinas Junges wurde allmählich schwer. Kurz hielt sie inne, als ein Käuzchen mit seinem schaurigen Ruf von einem Baum zum anderen flog.

»Du hast auch Hunger, was?«, dachte sie bei sich und huschte weiter. Eine Maus wäre schon ein Leckerbissen, aber diese Biester hielten zur Zeit ihren Winterschlaf.

Die Pfarrersköchin, sie hatte ihr stets eine Leckerei gegeben, aber sie war letzten Herbst gestorben. Schade. Sie hätte ihre Hilfe für ihren Nachwuchs gebraucht. Jetzt waren ihre Kinder der Kälte und dem Hunger ausgesetzt ...

Die schwarze Katze schaute kurz auf, als sie bei dem Grab der Frau vorbeischlich. Sie trottete an der Kirchenmauer entlang, suchte Einlass in das Gebäude. Vorsichtig ließ sie das Kätzchen von ihrem Maul auf den Boden gleiten. »Miau!«, maunzte sie bei der Pforte. Sie starrte auf die Türklinke, doch diese wollte sich einfach nicht bewegen.

»Miau!« Keiner da? Was war mit dem Pfarrer? Schlief er? Sina huschte weiter. Ihre Pfoten schmerzten. Eis und Kälte! Jetzt fing es auch noch zu schneien an! Das Kätzchen in ihrem Maul wimmerte. Es fror bitterlich.

Eine zweite Runde um die Kirche wollte Sina nicht machen. Sie sah sich um. War dort bei dem alten Gebäude neben dem hohen Kirchturm ein Licht? Sie blinzelte. Ja! Sina lief, so schnell sie ihre Pfoten tragen konnten, zu dem gedrungenen Haus. Sie setzte sich davor und sah sich um. Dort vorne, bei dem Fenster, musste doch die Küche sein, oder? Sie ging zu einer Türe und maunzte unentwegt so laut sie konnte. Dann lauschte sie. Wieso öffnete ihr keiner? War der Pfarrer schwerhörig? »Miau, miau!«, schrie sie in ihrer Not. Das Kätzchen lag zusammengerollt zu ihren Pfoten. Es schlief, oder? Die schwarze Katze stupste es mit der weichen Schnauze an. »Miau!«, maunzte sie wieder.

Plötzlich öffnete sich die schwere Holztür. Sina starrte auf den alten Mann und raunzte nochmals ein klägliches »miau«.

»Na, komm rein«, meinte dieser freundlich und bückte sich ächzend. »Wir kennen uns ja, Sina.« Sanft strich er der Katze übers seidenweiche Fell. Ihre Blicke trafen sich für einen Augenblick. »Komm schon. Mir wird kalt.«

Sina maunzte, nahm ihr Junges vorsichtig ins Maul und trug es in die Diele.

»Du brauchst Hilfe, was?«, meinte der Alte und schloss die Türe hinter den Katzen. »Hm«, sagte er nachdenklich »Ich hab noch etwas Wurst und Milch. Mal sehen, vielleicht frisst du das ja und das kleine Wollknäuel hier auch.« Er schaute kurz auf das winzigen Tigerkätzchen, das die Katze vorsichtig trug.

Sina blinzelte dankbar. Sie folgte dem alten Pfarrer in die warme Küche. Behutsam legte sie das Kätzchen auf einem Teppich ab. Es tat unendlich gut, in der behaglichen Wärme zu sein. Sie leckte kurz ihr Junges ab. Es regte sich und hob kurz den Kopf. Sina sah sich um. Ja, diesen Ort kannte sie.

»Hier, meine Freundin«, begann der Alte und stellte einen Teller mit kleingeschnittener Wurst und eine Schale mit Milch vor die beiden Katzen auf den Teppich. »Friss dich mal satt. Ihr könnt natürlich hierbleiben, solange ihr wollt. »Abermals strich der alte Mann dem Tier sachte über den Kopf. Sie drückte sich gegen seine Hand, schmiegte sich dankbar an ihn. Danach wandte sie sich dem Futter zu. Oh, wie war das lecker. Nachdem sie gefressen hatte, leckte sie sich Maul und Pfoten.

»Na, dir hat es wohl geschmeckt«, freute sich der Alte. Er hatte sich auf einen Sessel gesetzt und den Tieren zugesehen. Auch das kleine Kätzchen wackelte zur Milchschüssel und trank ein wenig. Danach rollte es sich ein und schlief wieder ein.

Sina jedoch maunzte und lief aus der Küche. »Was ist denn?«, fragte der Alte. Mühsam erhob er sich und folgte dem Tier. »Was, du willst wieder raus?«, meinte er überrascht. »Was ist mit deinem Kind, hm? Das lässt du hier?«

Die Katze sah ihm durchdringend an, dann maunzte sie erneut und rieb sich an der Tür.

»Gut, ich habe schon verstanden. Bring sie doch alle mit. Ist in Ordnung.« Er öffnete die schwere Holztür und ließ Sina hinaus. Die Dunkelheit verschluckte sie sofort.

Die Katze huschte wieder über den Friedhof zwischen den Gräbern hindurch. Danach kletterte sie über den Zaun und lief in den nahen Wald. Ein Junges von ihrem Wurf hatte sie gerettet und in Sicherheit gebracht. Aber sie hatte noch fünf weitere Kätzchen zu holen. Sie warteten auf sie.

Der alte Mann kehrte wieder in die Küche zurück. Er betrachtete das kleine Tier auf dem Teppich. Es schlief friedlich. Schon bald würde Sina mit dem nächsten Kätzchen zurückkehren und es in seine Obhut geben. Ja, es würde eine lange Nacht werden, bis die Katze ihre Jungen in Sicherheit gebracht hatte ...

Der alte Mann ließ sich wieder auf dem Sessel nieder

und streckte die müden Beine aus. Er war froh, den Tieren helfen zu können.

Niemand, weder Mensch noch Tier, sollten so eine bitterkalte Winternacht draußen verbringen müssen.

## Die Metamorphose

Dunkelheit. Tief unter der Erde. Eisige Kälte. Sie wusste, dass sich vor ihr ein See befand. Sein schwarzes Wasser war sagenumwoben. Sie hatte es im Schein des Feueratems des Drachens gesehen. Des roten Drachens mit den orangen Echsenaugen.

Tashima zerrte am Eisenring und versuchte ihre Hände zu befreien. Ihre Neugierde hatte sie in diese missliche Lage gebracht. Sie kannte all die Geschichten dieser tiefen Höhle im Gebirge, aber sie hatte immer gedacht, es wären nur Legenden. Sie hatte sich zu weit vorgewagt, war den Geistern begegnet. Hat ihren Versprechungen nicht widerstehen können. Heilung für ihre kranke Mutter. Und jetzt? Sie saß in Kälte und in Finsternis an einen Felsen gekettet! Der Schatten hat ihr das angetan! Und ihrer Mutter konnte sie auf diese Art auch nicht helfen. Wer würde ihr den Tee kochen? Wer würde ihr beim An- und Ausziehen helfen?

Tashimas Vater war bereits vor Jahren verstorben. Er hatte so schön auf der Panflöte gespielt, aber er war bei einem schrecklichen Bergwerksunglück umgekommen, wie dreißig andere Bergleute auch. Der Stollen war einfach eingebrochen, er wurde verschüttet. Nima, Tashibas kleine

Schwester, konnte für die Mutter nicht sorgen. Die junge Frau spürte die warmen Tränen, die ihr über die Wangen liefen. »Mutter!«, heulte sie. »Nima!«

Ein zarter Schein, ein Glimmen spiegelte sich im Wasser vor ihr. Tashima fröstelte, versuchte, die Quelle ausfindig zu machen. Das Licht kam näher, befand sich mit einem Mal unter Wasser. Knapp vor dem steinigen Ufer hielt es inne.

Tashima überkam ein eiskalter Schauder, als sie erkannte, was sich vor ihr befand: Eine lange, leuchtende Wasserschlange. Plötzlich durchbrach das Tier die Wasseroberfläche, zog den Schlangenkopf zurück und stieß zu. Tashima hatte keine Möglichkeit auszuweichen. Sie wurde von der Feuerschlange gebissen. Die junge Frau schrie vor Schmerz auf. Die Schlange jedoch zog sich wieder ins Wasser zurück, verschwand. Tashima saß abermals im Dunkeln.

Doch nach wenigen Minuten fing Tashimas Körper von den Fingerspitzen bis zu den Zehen an zu leuchten. Selbst ihre Haare. Nicht nur das, ihr wurde angenehm warm und heimelig zumute. Ihre Umgebung veränderte sich schlagartig. Keine Dunkelheit mehr, Tashima konnte alles erkennen. Ganz genau, jedes Detail. Die Höhle, die bizarren Felsformationen, den schwarzen See und den Weg, den sie nach unten gekommen war. Selbst die Öffnung im Felsen sah sie von hier unten.

Mit einer winzig kleinen Bewegung befreite sie ihre leuchtenden Hände und Arme von dem eisernen Ring. Sie riss ihn aus der Felswand und schrie dabei mächtig und donnernd. Kurz hielt Tashima inne. Was geschah mit ihr? Sie sah an ihrem Körper herunter. Schuppige orange-rote Haut? Ihre Arme, Moment, das waren keine menschlichen Arme mehr, es waren Pranken mit Klauen. Oh, bei allen Göttern! Was war das hinter ihr? Diese großen Schatten? Hatte sie etwa Flügel? Wahrhaftig! Aus ihrem Rücken waren schuppige, riesige Drachenflügel gewachsen! Sie war ein Drache? Nicht etwa der Feuerdrache, vor dem sich alle fürchteten?

Tatsächlich, die Metamorphose war in diesem Augenblick abgeschlossen. Tashima hatte eine lange Echsenschnauze, spie Feuer, ihre Zehen waren mächtige Krallen.

Sie wandte sich um und konnte ihren langen Körper sehen, der in einem Echsenschweif endete. Abermals entkam ihr ein tiefer dröhnender Schrei, so wie es nur ein Drache konnte.

Irgendetwas trieb sie aus der Höhle hinaus. Nervosität? Unruhe? Tashima breitete ihre Flügel aus und flog über den See. Es fühlte sich gut an. Verwundert betrachtete sie ihr Spiegelbild auf der starren Wasseroberfläche. Der Feuerdrache! Sie selbst war der Feuerdrache! Warum? Oh nein, die Schlange, sie hatte sie vergiftet und verwandelt! Das musste es sein. Anstatt zu sterben, war sie zu einem Monster geworden. Jetzt würde sie ihrer Mutter helfen können. Was? Als Drache? Oh nein! Ihre Mutter würde sich zu Tode erschrecken und das würde sie in ihrem Zustand nicht überleben! Nein!

Tashima durchbrach das Felsentor zur Höhle und stieg in den Himmel auf. Immer höher. Es war Nacht. Die Sterne leuchteten. Der milde Mond schien auf ihren Drachenkörper herab und beruhigte sie allmählich. Sie breitete die Flügel so weit aus, wie sie nur konnte und ließ sich gleiten. Über die verschneiten Berge Tibets hinweg. Langsam sank sie immer tiefer.

Tashima erwachte schweißgebadet. Es war finster um sie he rum. War sie ein Drache? Entsetzliche Panik überkam sie. Moment! Da war doch ein vertrautes Geräusch, oder? Tashima lauschte in die Stille, hielt die Luft an. Ja, das Atmen ihrer Schwester Nima drang in ihre Ohren. Eindeutig! Sie befand sich wieder in ihrer Hütte. Tashima atmete tief durch und wagte es, nach ihren Armen zu tasten. Keine Schuppen? Keine Klauen? Alles war nur ein schlimmer Traum gewesen!

Tashima wischte sich die Tränen von den Wangen. Tränen der Erleichterung und der Freude.

# Eine Gruselgeschichte

Sie konnte ihn sehen. Den Schädel, in türkises Licht getaucht. Wieso hatte sie auch hierher gehen müssen? Ein Schaudern überkam sie bei dem Anblick. Leere Augenhöhlen, blitzende Zähne, ein Loch, wo die Nase sein sollte. Der kahle Schädelknochen leuchtete bläulich. Jetzt nur nicht die Nerven verlieren! Lara atmete einige Male tief durch.

»Komm endlich!«, rief sie mit bebender Stimme. »Wo bist du, wenn man dich braucht?«

Stille. Danach ein tiefes Seufzen. »Andreas?« Lara fröstelte. »Andreas, bist du das?« Keine Antwort. Lara richtete den Strahl der Taschenlampe in den finsteren Korridor. Wo war ihr Freund nur? Sie waren doch gemeinsam losgegangen. Über das schmiedeeiserne Tor des Friedhofs geklettert und in das Mausoleum eingebrochen.

Wieso? Eine Wahrsagerin hatte ihr einen Schatz prophezeit. Andreas hatte dann die glorreiche Idee, nach alten berühmten Personen zu googeln und herauszufinden, wo eventuell etwas zu holen sein könnte.

Nun und jetzt stand sie vor diesem blauleuchtenden Schädel inmitten eines runden Raumes in einem Labyrinth aus Gängen. Verdammt! Wieso konnte dieser Totenschädel leuchten? Und warum war sie alleine?

»Andreas?«, rief sie abermals in die Stille. Der Raum war leer. Kein Schatz, das stand fest. Kein Sarg. Nur der Kopf. Nein, Lara entschied sich umzukehren.

»Hilfe!« Andreas? Lara starrte in die Dunkelheit. Woher war der Schrei gekommen. Wie verrückt begann sie jeden Gang auszuleuchten. »Andreas? Wo bist du?«

»Ahhhhh!« Laras Blut gefror ihr in den Adern.

»Andreas!« Lara stolperte durch den Korridor, wo sie ihren Freund vermutete. »Andreas!« Doch ihre Stimme versagte, als der Lichtkegel ihrer Taschenlampe ein Gerippe streifte. Wieso lag es hier auf dem Boden? Modriger Geruch verschlimmerte noch ihre Panik. Rund um sie herum pechschwarze Finsternis. Kein blaues Glühen. Aber auch kein Geräusch. Nur dieser Haufen menschlicher Überreste vor ihr.

Weitergehen, ermahnte sie sich. Bebend schritt sie über die Knochen hinweg. Sie wagte es nicht mehr, nach ihrem Freund zu rufen.

Als sie von hinten dann etwas streifte, blieb ihr sprichwörtlich das Herz stehen. Die Taschenlampe fiel zu Boden und erlosch. Schreien konnte Lara nicht. Atmen auch nicht. Ihr Kopf war leer. Keine, auch nicht die winzigste Bewegung war ihr möglich.

»Lara«, hauchte eine Stimme. »Lara!«

Andreas?

»Lass uns verschwinden«, keuchte ihr Freund unvermittelt. »Sie sind hinter mir her!« Er packte sie mit seiner eiskalten, knochigen Hand.

»Was ist?«, kreischte Lara, doch er zog sie durch den finsteren Gang weiter. Plötzlich befanden sich die beiden wieder in dem kreisrunden Raum mit dem leuchtenden Schädel. Er lag nicht mehr auf dem Boden, sondern befand sich auf einem Podest in der Mitte. Im Schein des blauen Lichts erblickte Lara ihren Freund. Aber das war nicht Andreas. Es war ... Seine Haut hing in Fetzen von seinem Körper, seine Augen fehlten, die Haare zum Teil verschwunden. Lara konnte teilweise den Schädelknochen erkennen. Die Hand, mit der er sie festhielt, war bereits skelettiert. Das blaue Licht begann zu pulsieren, greller zu werden, der türkisschimmernde Schädel drehte sich um die eigene Achse. Lara versuchte zu schreien, aber kein Ton entkam ihrer trockenen Kehle. Andreas' Hand hielt sie noch immer schmerzhaft am Arm fest. Irgendwann verschwamm die Umgebung um sie herum.

Lara erwachte schweißgebadet in ihrem Bett. Ihr rechter Arm schmerzte. Was für ein irrer Traum! Andreas, ein Zombie! Plötzlich überkam sie die eiskalte, traurige Realität. Andreas? Ihr Freund war vor drei Monaten bei einem tragischen Unfall ums Leben gekommen. Lara wischte sich die Tränen aus dem Gesicht. Sie vermisste ihn. Andreas.

## Ich bin.

Ich bin wie ein Wassertropfen im weiten Ozean.
Ich bin wie ein Sandkorn in der endlosen Wüste.
Ich bin aber auch wie der leuchtende Funke,
der ein Feuer entflammt
und wie das kleine Samenkorn, aus dem eine
wunderschöne Blume oder ein mächtiger Baum erwächst.
Ich bin.

## Frühlingsgedicht

Der Frühling klopfet an die Türe,
die Natur erwachet sanft,
das Schneeglöckchen schafft's ohne Mühe,
es blühet prächtig in weißem Glanz.

Die Vögel singen endlich wieder,
milder sind die Nächte nun,
Der Lenz ist so voller Lieder,
die Tiere haben viel zu tun.

Die Sonne scheinet gleißend hell,
der Sträucher Knospen sind erwacht,
der Frühling, der vergeht recht schnell,
das Herze nun auch wieder lacht.

## Die Fürstin des Winters

»So ist es, mein Lieber«, meinte die alte Frau in gütigem Ton. Ihr Enkelsohn saß vor ihr auf einem blauen samtigen Sitzsack und starrte sie an.

»Aber Oma, glaubst du nicht, dass sie uns helfen kann?«, fragte der Knabe. Seine schönen blauen Augen blickten für einen Moment in die Ferne. Sein blondes, dichtes Haar war verstrubbelt und benötigte dringend einen Haarschnitt. Er hatte ein hübsches, fast mädchenhaftes Gesicht, aber das würde sich noch ändern. Er war erst neun Jahre alt. Die roten Wangen leuchteten, seine Augen glitzerten. Waren es Tränen?

Seine Großmutter seufzte leise. »Liebling, das ist nur eine Legende. Das weißt du. Die Fürstin des Winters, des Schnees, der Kälte, der Eiskristalle und des Raureifs.«

Yngwie schüttelte den Kopf. »Du hast einmal erzählt, dass Opa sie gesehen hat. Sie ist eine wunderschöne Frau und sie sammelt in ihrem Schneeschloss Eiskristalle.

»Man sagt, die Kristalle hätten heilende Kräfte«, murmelte Abelone, seine Großmutter.

»Würden sie Papa helfen?«

»Es ist eine Legende, Yngwie.«

»Aber in jeder Legende steckt doch ein Körnchen Wahrheit, oder?«, fragte der Bub leise.

Sein Vater lag bereits seit Wochen mit Fieber im Bett. Bald würde er seine Arbeit verlieren, wenn er nicht bald wieder auf die Beine käme. Das Leben im Dorf war hart, besonders im Winter. Die Nahrungsmittel knapp, genauso wie das Holz zum Heizen. Das Dorf befand sich auf einer Lichtung inmitten eines großen Waldgebiets wenige Kilometer entfernt von hohen Bergen. Manchmal, wenn es ganz schlimm war, kamen Lastwagen aus der großen Stadt und brachten das Notwendigste. Yngwie war noch nie in der Stadt gewesen. Sein Vater hatte es ihm versprochen, aber er konnte sein Versprechen nicht einhalten, so krank war er.

Niemand hatte ihm bis jetzt helfen können. Einen Krankenhausaufenthalt konnte sich die Familie nicht leisten. Einmal war ein Arzt aus der großen Stadt da gewesen. Was er gesagt hatte? Nun, nur, dass Yngwies Vater wohl eine seltene Viruserkrankung hätte und er ihm nicht helfen könne.

»Sei nicht traurig, Yngwie. Dein Vater wird sich schon erholen. Die letzten Tage war das Fieber nicht mehr so hoch.« Aber Abelone machte sich große Sorgen um ihren Sohn Alvar. Ihr Enkel konnte dies spüren.

»Wann kommt Mama wieder?«, fragte Yngwie, während sein Blick durch das kleine Fenster wanderte. Es schneite in dichten Flocken, der Nebel war eingefallen und es würde bald dunkel werden.

»Bald, hoffe ich. Es gibt bald Abendessen, Yngwie. Ich

seh mal nach deinem Vater, gut?«

Yngwie nickte. »Ich gehe mal raus zu Lars, Oma.«

»Ist gut.«

Lars war ein Bärenkind, Yngwies bester Freund. Alvar, Yngwies Vater, hatte ihn bei der Jagd gefunden. Seine Mutter war getötet worden. Da es sich bei Lars um ein Bärenbaby handelte, hatte sein Vater sich entschieden, ihn mit ins Dorf zu nehmen und ihn selbst großzuziehen.

Das war ohne weiteres möglich, denn Yngwies Eltern hatten einen kleinen Bauernhof mit Tieren. Dazu besaßen sie auch einen schönen Garten, einige Felder und einen großen Stall, in dem sie das Bärenkind unterbringen konnten.

Aber dieser Winter war hart und lange. Der Frühling wollte und wollte nicht kommen. Die Futtermittel gingen zur Neige und Alvar musste Heu zukaufen. Und jetzt diese Krankheit! Yngwies Mutter arbeitete in einem kleinen Laden, aber das Geld, das sie nach Hause brachte, reichte kaum.

In jener Nacht hatte Yngwie einen Traum. Die Fürstin des Winters erschien ihm in ihrer Pracht. Sie war wunderschön. Ihr Gewand bestand aus glitzerndem Raureif. Sie hatte silbergraues Haar und strahlende, eisblaue Augen. Sie deutete Yngwie, ihr zu folgen, was dieser auch tat. Am Fuße des hohen Berges befand sich eine Schneehöhle. Sie war nicht dunkel, sondern glitzerte in den schönsten Spektralfarben durch das Sonnenlicht. Eiskristalle so weit das Auge reichte, konnte Yngwie sehen, als er Schritt um Schritt in die Höhle ging. Die Fürstin glitt vor ihm über das Eis und deutete auf den größten und schönsten Kristall. »Das Schmelzwasser dieses Kristalls wird deinen Vater von seiner Krankheit befreien«, wisperte sie. Dann war sie verschwunden. Yngwie fiel in einen tiefen, traumlosen Schlaf.

»Yngwie!«, rief seine Mutter und weckte ihn zeitig am Morgen auf.

»Mama?« Yngwie rieb sich die Augen.

»Ich fahre in die Stadt und versuche noch einmal den Arzt für Papa zu holen.«

»Was ist mit ihm?« Yngwie war mit einem Mal hellwach.

»Es geht ihm wieder schlechter, mein Liebling.« Yngwie konnte sehen, dass seine Mutter geweint hatte. »Viel schlechter«, fügte sie hinzu. »Aber das wird schon wieder.«

Yngwie lief zu seinem Vater ins Zimmer. Er setzte sich zu ihm ans Bett und nahm seine große Hand in seine. »Papa? Kannst du mich hören?«, schniefte er leise.

Stille. Alvar atmete schwer. Seine Stirn war schweißnass, sein Gesicht blass. »Papa?«, fragte Yngwie erneut.

Doch er bekam keine Antwort. Lautlos erhob er sich und verließ das Zimmer. Als er die Türe hinter sich schloss, erinnerte er sich an den Traum von der Winterfürstin. Die Höhle. Der Bub fasste einen Entschluss. Gemeinsam mit Lars würde er der Herrscherin über den Winter einen Besuch abstatten. Vielleicht konnte sie sich ja endlich zurückziehen und dem Frühling Einlass gewähren.

Yngwie hatte die Zeit gut abgeschätzt. Seine Großmutter schlief, seine Mutter war in der Stadt. Schule hatte er keine, da das Wetter zu schlecht war. »Komm, Lars!«, rief er das Bärenjunge. Er hatte Fischstücke für das Tier dabei, um es zu locken. Auch hatte er sich eine Jause gerichtet, seine Schneeschuhe angezogen und eine Taschenlampe eingepackt. Es konnte losgehen. Yngwie zog das schwere alte Pferd aus dem Stall und kletterte darauf. Emil war ein guter Gaul, absolut wesensfest und Yngwie gewöhnt.

Der Wald zog an dem Buben vorbei, als Emil munter dahin trabte. Die Höhle. Wo war sie nochmal? Am Fuß des großen, mächtigen Bergs. Aber die Sicht war schlecht, der Schneefall verdichtete sich, sodass Yngwie sich wünschte, die Skibrille dabei zu haben. Ab und zu schüttelte Emil seinen riesigen Kopf, als wollte er »Nein« zu Yngwies waghalsiger Idee sagen. Das Bärenjunge jedoch spielte neben ihm im Schnee, sorglos und glücklich.

Eine Stunde war bereits vergangen, eine zweite. Yngwie musste sich eingestehen, dass es naiv gewesen war, an eine Legende zu glauben und einem Traum zu vertrauen. Aber Yngwie war verzweifelt und das entschuldigte seiner Meinung nach vieles. Auch Dummheit.

Plötzlich schnaubte das Pferd und blieb abrupt stehen. »Emil, was soll das?«, schimpfte Yngwie. Doch dann sah er, was das Tier aufgehalten hatte. Sie standen vor einer riesigen Schneehöhle. Yngwie konnte es nicht glauben. Es gab sie wirklich. Er ließ sich von seinem Ross gleiten, rief den Bären zu sich und stapfte tapfer in die Höhle. Sie war stockfinster. Kein Leuchten, kein Glitzern, aber das war ganz normal, denn die Sonne ließ sich seit Wochen nicht mehr blicken. Yngwie schaltete seine Taschenlampe ein und leuchtete in die Höhle. Keine Kristalle, nur Schnee? Yngwie war enttäuscht. Trotzdem lief er tiefer in die Höhle. Aber nur aus einem Grund: Lars war verschwunden.

»Lars!«, rief Yngwie. »Lars. Ich habe Fisch für dich, komm schon!«

Nach einigen Minuten ließ sich Yngwie auf einen verschneiten Stein nieder und weinte bitterlich. Alles umsonst und jetzt war auch noch der Bär weg. »Lars!«, heulte er.

»Was ist los, mein Kind?«, fragte plötzlich eine Stimme. Yngwie erschrak mächtig. Die Winterfürstin? Er sah auf, doch anstatt eine schöne Frau vorzufinden, stand eine alte runzelige Dame vor ihm, in Lumpen gekleidet mit einer Fackel in der Hand.

Lars hockte neben der Alten. Zufrieden.

»Ich«, stammelte Yngwie verwirrt.

»Die Winterfürstin, was?«, meinte die steinalte Frau mit einem Lächeln. »Du hast sie gesucht.«

»Woher weißt du davon?«

»Der Traum«, wisperte die Alte. Yngwie erschauderte. »Keine Angst, ich kann dir helfen. Folge mir.«

Ganz hinten in der Höhle, geschützt von Schneewechten, stand eine kleine Hütte. Der Bub kam aus dem Staunen nicht mehr heraus. Träumte er?

»Komm, Yngwie.«

»Woher kennst du meinen Namen? Wieso weißt du so viel?« Yngwie hielt inne und starrte die Alte ängstlich an.

»Oh, ich weiß vieles, mein Kind. Ich kenne euch alle mit all euren Sorgen und Problemen.« Sie hielt kurz inne und seufzte tief. Danach setzte sie fort: »Du musst nicht lange hierbleiben, Yngwie. Ich weiß, du fürchtest dich und versuchst es krampfhaft zu verbergen.«

Yngwie sah beschämt zu Boden. Was für ein Feigling er doch war! Vor einer netten alten Dame sich zu fürchten! »Ich möchte dir nur etwas für deinen Vater mitgeben, dann kannst du gehen.«

Mutig betrat Yngwie das Haus. Lars trottete neben ihm her. Die Hütte der Alten war gemütlich. Alles war vorhanden. Selbst fließendes Wasser und Strom gab es. Wie war das möglich?

»Hier, mein Kind«, meinte die Alte unvermittelt und riss Yngwie aus seinem Staunen. Plötzlich wurde es finster. Panisch versuchte der Bub, sich zu orientieren. Er wollte schreien, rufen, aber er konnte nicht. Sekunden später erkannte Yngwie den Umriss seines Pferdes, das ihn mit einem leisen Wiehern begrüßte. »Was?«, fragte Yngwie. Die Schneeflocken tänzelten in der Dämmerung vor seinen Augen. Der Wald hinter ihm erschien wie ein dunkler Schatten. Aber was hielt Yngwie in seiner Hand? Yngwie nahm die Taschenlampe und leuchtete auf den Gegenstand. Ein winziges

Glasfläschchen mit einer dunkelbraunen Flüssigkeit?

»Geh nach Hause, Yngwie«, ertönte eine sanfte Stimme. »Dein Pferd wird dich tragen, Lars dich begleiten und die Wölfe abhalten.«

»Wer spricht da?«

»Gehe, Yngwie und gib die Medizin deinem Vater. Rasch. Sonst ist es zu spät.«

Yngwie kletterte auf das Pferd und Emil setzte sich sofort in Bewegung. So rasch, wie man es einem alten Pferd gar nicht zugetraut hätte.

»Trink das, Papa!«, murmelte Yngwie, als er endlich in das Zimmer seines Vaters gelangt war, ohne gesehen zu werden. Alvar seufzte leise, doch er öffnete den Mund, sodass ihm sein Sohn die Flüssigkeit einträufeln konnte. Danach verließ Yngwie das Zimmer und kehrte zu seiner Großmutter in die Stube zurück.

»Wo warst du?«, fragte diese kopfschüttelnd.

»Nirgends«, log Yngwie. »Nur bei Lars.«

»Du hast das Pferd genommen und warst im Wald.«

Yngsie presste die Lippen aufeinander. »Wann kommt Mama?«

»Bald.« Die Großmutter sah ihren Enkel lange an. »Du hast sie gesucht, die Winterfürstin, oder?«

»Yngwie, Abelone!«, rief eine tiefe Stimme. »Astrid!«

»Papa?« Yngwie hatte die Stimme seines Vaters lange nicht mehr gehört. Er sprang auf und rannte in das Schlafzimmer. Sein Vater saß im Bett, zum ersten Mal seit Wochen.

»Yngwie, mein Schatz. Mama!« Alvar sah beide an. In seinen Augen leuchtete das Leben.

»Was ist passiert?«, stammelte Abelone fassungslos. Yngwie heulte neben ihr und ließ sich nicht beruhigen.

»Weiß ich nicht, aber mir geht es gut. Nur habe ich Hunger und Durst.«

»Was ist hier los?«, fragte Astrid, Yngwies Mutter, als sie von der Stadt endlich heimkam. »Alvar?«, fragte sie ungläubig. »Ich hatte Angst, du wärst bereits tot, wenn ich zurückkomme.« Sie wischte sich die Tränen von den Wangen.

»Komm her, mein Liebling«, schniefte Alvar, stand auf und umarmte seine Frau. Danach Yngwie und seine Mutter. »Ich weiß auch nicht, aber mir geht es endlich wieder gut.«

Yngwie schwieg. Das Mittel der Alten hatte geholfen. War sie die Winterfürstin in ihrer menschlichen Gestalt gewesen?

## Klimakatastrophengedicht

Wir leben hier gemeinsam,
atmen dieselbe Luft,
auf dieser einen Erde,
die nach Hilfe ruft.

Wir denken nicht viel weiter,
kaufen munter ein,
Alles ist in Plastik,
muss das wirklich sein?

Wir gehen kaum zu Fuß,
nein, das ist nicht »in«
und in den schönen Ferien,
fliegen wir wohin.

Das Fleisch, es wird gegessen,
von uns zu jedem Mahl.
Haben wir vergessen
Alternativen steh'n zur Wahl?

Leben wir doch sparsam,
im Einklang mit der Welt
versuchen wir das Beste,
auch wenn es nicht gefällt.

Es ist für unsere Kinder,
sie spielen an der Luft,
sie sollen doch noch kennen,
des Waldes milden Duft.

So lasst uns Bäume pflanzen,
ganz viele an der Zahl,
damit wir etwas ändern,
noch haben wir die Wahl.

# Der Besuch

»Noch ein Stück Kuchen, Helene?«, fragt mich meine Schulfreundin freundlich. Ich nicke. Wir kennen uns schon seit über 40 Jahren, sind miteinander in die Volksschule gegangen. Sandra und ich haben uns jedoch aus den Augen verloren, erst vor Kurzem wieder gefunden.

Es ist nett bei ihr. Sie wohnt alleine im Haus ihrer bereits verstorbenen Eltern. Eigentlich handelt es sich um einen ehemaligen Bauernhof. Die Geschichte des Hauses geht in das 17. Jahrhundert zurück. Oh, Sandra weiß viel zu erzählen und führt mich durch die Räumlichkeiten. Ich betrachte bei meinem Rundgang die ehemaligen Zimmer der Bediensteten, die Stallungen für Schwein, Kuh und Pferd, den Weinkeller, die Scheune für das Getreide.

Aber es ist nichts mehr von dem Leben da, das einmal in diesen Gemäuern gewesen sein muss. Keine Tiere außer einer Hühnerschar. Kein Hund, keine Katze. Wie kann Sandra so alleine leben? Ja, sie liebt ihr Federvieh, aber mir wäre es zu unheimlich. So viele Zimmer. Sie bewohnt einen kleinen Trakt des großen Hofs. Eine alte Wohnküche, ein Wohnzimmer mit einem Klavier, einem Flügel und vermutlich ein Schlafzimmer. Das hat sie mir nicht gezeigt.

»Wie gefällt es dir?«, fragt Sandra unvermittelt.

»Super«, erwidere ich. »So viele Zimmer. So viel Arbeit. Wie machst du das nur neben deinem Beruf?«

»Stück für Stück. Das geht schon«, lächelt Sandra. »Aber eines muss ich dir jetzt sagen, Helene.« Sandras Blick ist plötzlich durchdringend und ihre Stimme todernst. Mir läuft unvermittelt ein Schauder über den Rücken. »Seit ein paar Tagen geht es hier nicht mit rechten Dingen zu.« Sie sieht auf ihre Armbanduhr. »Es ist schon 20 Uhr, es wird bald finster sein.« Ein Hahn kräht ganz in der Nähe. Dann noch einer.

»Es geht schon los«, flüstert Sandra mir zu. »Es tut mir so leid. Es ist mein Fehler. Ich hätte dich heimschicken sollen. Jetzt ist es zu spät.«

»Was? Wovon redest du?« Ich spüre Panik in mir aufkeimen. Fast wäre ich schreiend hinaus auf die Straße gelaufen.

»Sie mögen keine Fremden.« In Sandras Worten ist die Angst spürbar. Wieso ist mir plötzlich eiskalt?

»Wer?«, stottere ich. »Von wem redest du?«

»Komm mit.« Sandra nimmt mich an der Hand und zieht mich hoch. Wir gehen eine Stufe hinauf ins Wohnzimmer. Es ist gemütlich. Sandra schließt hinter uns die Türe, verriegelt die Fenster, zieht die Vorhänge zu. Dann ohne ein weiteres Wort fängt sie an, Klavier zu spielen. Eigentlich wunderschön. Aber wehmütig.

»Sandra?«, frage ich sie. Aber sie wirkt wie in Trance. Abermals kräht ein Hahn. Aber wieso steht er scheinbar vor der Wohnzimmertür? Was möchte er? Ein grausiges Geräusch zwischen den Noten, dann kann ich den Hahn nicht mehr hören.

»Blutdurst!«, kreischt plötzlich meine Schulfreundin. Als ich mich zu ihr umwende, spielt sie weiter. Die Musik qualvoll.

Ich weiß nicht, wie ich reagieren soll. Sandra wirkt unheimlich auf mich und auch die Tatsache, dass die Wohnzimmerlampe anscheinend an Leuchtkraft verliert. Langsam, aber stetig. Bald wird es im Wohnzimmer finster sein. Ich muss hier raus. Ich versuche, die Fenster zu erreichen, zerre an den Vorhängen.

»Nein!«, schreit Sandra, springt vom Klavierhocker auf und stürmt zu mir. »Lass das. Du machst sie nur noch wütender!«

»Wen?«, krächze ich.

»Die Geister der Verstorbenen«, haucht Sandra mit weit aufgerissenen Augen. »Sie kommen seit wenigen Tagen, wenn es dunkel wird und töten einige meiner Hühner.«

»Geister töten keine Hühner«, flüstere ich etwas ruhiger. Was für ein Unsinn. Sandra spinnt doch.

»Sie schon. Ich habe sie gesehen. Vorgestern.«

»Unsinn«, wispere ich bebend. »Es gibt keine Geister.«

»Sag so etwas nicht. Sie werden auch zu dir kommen.«

Sie setzt sich wieder ans Klavier und spielt weiter. Leiser als zuvor. Traurig und getragen.

»Sie kommen von meinem Grundstück, Helene«, flüstert

Sandra unter Tränen. Wieso weint sie?

»Wer? Die Geister?«

»Ja, ich habe vor kurzem Knochen ganz hinten in meinem Garten gefunden. Ich habe das hohe Gras gemäht und dort waren sie.«

»Wie jetzt?«

»Es gibt ein Eck auf meinem Grundstück, da bin ich noch nicht gewesen und ...« Sandra stockt, sieht mich kurz mit tränenverschleiertem Blick an.

»Dort sind Knochen gelegen? Einfach so?«

»Ich bin mit der Sense an einem hängengeblieben. Ein Oberarmknochen hat aus der Erde geragt und ja, dann habe ich einige menschliche Knochen gefunden. Ich habe gegraben. Verstehst du. Ich war neugierig und dann ...«

Sie stockt abermals, hält scheinbar die Luft an.

»Helene, seitdem spukt es hier.«

»Hast du mit irgendjemandem darüber gesprochen?«

»Nein, die glauben ja alle, ich spinne. Du bist die Erste.«

Erst jetzt bemerke ich, dass das Wohnzimmer nur noch schwach beleuchtet ist.

»Hast du Kerzen?«, frage ich unsicher.

»Ja, aber die helfen nichts. Man kann sie nicht entzünden.«

»Wieso ist es hier plötzlich so kalt?«

»Sie sind hier.« Sandra schüttelt verzweifelt den Kopf und klappt den Deckel vom Flügel zu. »Ich habe versucht, sie mit meinem Klavierspiel zu besänftigen, aber heute hat es nicht funktioniert.«

»Und jetzt? Was machen wir?«

»Es gibt keinen Ausweg. Wir werden sterben.«

»Was!«, schreie ich sie an.

»Ich habe ihre Totenruhe gestört. Heute ist der dritte Tag und das haben sie mir gesagt, wenn ich es nicht schaffe, sie wieder zu beerdigen, werde ich sterben.«

»Du hast mit ihnen gesprochen?« Ich greife mir auf die Stirn. Mittlerweile ist das Wohnzimmer komplett dunkel.

»Ja, gedanklich.«

Das war's! Sandra ist wahnsinnig. Ich habe genug von dem Unsinn. »Ich glaube dir kein Wort!«, rufe ich laut, hechte zu einem der Fenster und reiße den Vorhang weg. Die alte Dorfstraße liegt ruhig vor mir. Das Katzenkopfpflaster glänzt im Regen, ein Auto fährt vorüber. Kein Geist, keine unheimliche Gestalt.

Als ich mich zu Sandra umdrehe, ist das Wohnzimmer wieder hell erleuchtet. Sandra sitzt auf dem Sofa und grinst mich an. »Super, Helene«, meint sie und applaudiert.

»Was ist jetzt los?«

»Nichts, wieso?«

»Was ist mit deinen Gespenstern.«

»Ach, die gibt es doch gar nicht.« Sandra grinst noch breiter. »Alles erfunden.«

»Was? Die ganze Geschichte?«

»Ja.«

»Und der Hahn? Deine Hühner? Das Licht?«

»Das Licht war einfach über einen Dimmer an der Wand geschaltet. Das Krähen des Hahnes eine Tonaufnahme, mein Federvieh schläft schon.« Sandra zwinkert mir zu.

»Und die Knochen?«

»Gibt es nicht, außer die, die du draußen auf der Wiese bei den Hühnern im Gras gesehen hast. Aber die sind nicht menschlicher Natur. Die Nachbarn bringen mir manchmal auch Fleisch oder Ripperl mit. Meine Hühner sind Allesfresser.« Sandra lächelt mich an.

»Wieso hast du das getan?«, frage ich verärgert.

»Ach, einfach so. Du warst früher so ein Angsthase und du hast mir stets alles geglaubt. Ich wollte nur wissen, ob du noch immer so bist.«

»Und?«

»Nein, du hast dich geändert. Aber ich war gut, gell?«

Ich nicke und verlasse wortlos das Zimmer, danach das Haus. Ich gehe zu meinem Auto. Sandra folgt mir. »Sei bitte nicht böse, Helene«, meint sie rasch.

Ich winke ihr kurz, danach steige ich in mein Auto und fahre heim. Im Rückspiegel sehe ich Sandra. Sie ist nicht alleine. Um sie herum stehen seltsame Gestalten und starren mir nach. Ich schüttle den Kopf, konzentriere mich auf die Straße und steige aufs Gas. Nein, Sandra wird mich so schnell nicht wieder sehen.

## Ode an den Hauptplatz von Bad Fischau-Brunn

Der Hauptplatz von Bad Fischau-Brunn,
Da gibt es Vieles kundzutun.

Ein klarer Quell ihn sachte quert,
vom Thermalbad, unbeschwert.

Das glitzernd Wasser lädt uns ein,
auf eine Bank im Sonnenschein.

Das Zentrum von Bad Fischau-Brunn,
ist eine Augenweide nun.

Es gibt dort Kunst auch zu bestaunen,
Vom Riegler aus mit guten Launen.

Auch ein Park ist da zu finden,
um zu wandeln unter Linden.

Es ist ein Treff für jung und alt,
die Freude dort ist unbezahlt.

Das Schloss ist nicht sehr weit von dannen,
Man kann dort viel Kultur empfangen.

Vom Theater zum Konzert
Einen Besuch ist's immer wert.

Ich liebe sehr Bad Fischau-Brunn,
Sein Bad, um einmal auszuruh'n,

Die Wälder ringsum – keine Frage,
Dieser Ort hat 'ne schöne Lage,

hat einen Hauptplatz nun mit Sinn,
für Bad Fischau ein Gewinn!

## Dichterischer Spaziergang über den Hauptplatz von Wiener Neustadt

Vier Straßen führen zu einem Platz,
für Wiener Neustadt ist's ein Schatz.

Bunt sind die Fassaden hier,
die Arkaden eine Zier.

Wenn ich wandle an diesem Ort,
seh ich die Mariensäul' dort.

Sie ist sehr schön, kunstvoll verziert,
Ich betrachte sie ungeniert.

Der Marienmarkt nebenan,
zieht mich sofort in seinen Bann.

Kulinarik ist hier zu finden,
Speis und Trank sind zu ergründen.

Weiter geht's zum Grätzl schnell,
die alten Häuser leuchten hell.

Der Schrauthammerbrunnen ist sehr alt,
mein Spaziergang hat sich ausgezahlt.

Die Konditorei, sie lädt mich ein,
zu verweilen bei ihr im Sonnenschein.

Bei Kaffee und Kuchen – unbescheiden,
Es ist so schön, ich würd' gern bleiben.

Aber ich muss jetzt weiter wandeln,
zum Rathaus und zu den Marktstandeln.

Beides ist sehr interessant,
unser Hauptplatz ist ein Garant,

für Freude und für Wohlbehagen,
an trüben und an schönen Tagen.

## Vom Schreiben und Malen

Das Schreiben einer Kurzgeschichte
Und das Verfassen der Gedichte,
ist das Loslösen von manchem Sein,
wenn der Alltag zu gemein.

Denn das Schreiben und das Dichten
kann die Negativität vernichten,
hat die Kraft zu überdenken
und das Schicksal neu zu lenken.

Es ist des Lebens Elixier,
wie das Malen, das sag ich hier,
all die Grenzen überschreiten,
und die Seele auszuweiten.

Durch den Nebel scheint das Licht,
klar und schön ist nun die Sicht,
die Gedanken in der Ferne,
in dem Herzen nur noch Wärme.

## Ich bedanke mich bei ...

... meiner Tochter Anna-Bernadette, die für dieses Buch wieder ein wundervolles Cover gezeichnet und die Geschichten mit ihren Illustrationen zum Leben erweckt hat,

... Heidi, die sich die Zeit genommen hat, meine Kurzgeschichten und Gedichte zu lesen, um mir wertvolles Feedback zu geben,

... meinem Verleger Wolfgang, der alle meine Buchideen zu Papier bringt,

... meinen treuen Leserinnen und Lesern, denn Geschichten wollen erzählt werden.

Katharina Durrani
**Misooks Ring**
Kriminalroman
363 Seiten
ISBN 978-3-933011-68-8
(auch als eBook)

Simone Jaan, die Wiener Neustädter Hobbydetektivin, findet im Schlosspark von Pottendorf, Niederösterreich, einen abgetrennten Finger. Die Spurensuche führt sie, gemeinsam mit ihrer Freundin Luise Winkler, zu einer jungen Südkoreanerin, die ihre geliebte Großmutter vermisst.

Schon bald befindet sich Simone mitten in einem spannenden und rätselhaften Kriminalfall. Sie begibt sich auf die Suche nach einem wertvollen Artefakt, einem Ring der koreanischen Silla-Dynastie ...

Katharina Durrani
**Kalt blütig**
Kriminalroman
320 Seiten
ISBN 978-3-933011-57-2
(auch als eBook)

Die junge Möchtegerndetektivin Simone Jaan findet im verschneiten Wald nahe der Marienquelle einen angeschossenen Hund. Sie schafft es, das Tier zu retten. Jedoch hat sie zu diesem Zeitpunkt noch keine Ahnung, dass der alte Corgi der Schlüssel zu einem haarsträubenden Rätsel ist.

Gemeinsam mit einem Ehepaar aus Bad Sauerbrunn begibt sich Simone auf eine spannende Schatzsuche.

KATHARINA DURRANI
DER CORVINUS BECHER
THRILLER

Katharina Durrani
**Experiri:**
**Der Schattentöter**
Fantasy-Thriller
352 Seiten
ISBN 978-3-933011-72-5

Wona, ein Planet in einer fernen Galaxie, wird von einem brutalen Serienkiller heimgesucht. Drei junge Frauen wurden bereits bestialisch ermordet, die Völker sind in Aufruhr. Eine Fähre vom befreundeten Planeten Sathorja kommt zu Hilfe.

Wird es gelingen, dem Morden ein Ende zu setzen?

medimont

Katharina Durrani
**Experiri: Sathorja**
Fantasy-Roman
304 Seiten
ISBN 978-3-933011-71-8

Ina traut ihren Augen nicht.

Über Nacht hat sich ihr ganzes Leben auf den Kopf gestellt. Nichts ist mehr, wie es vorher war, selbst sie nicht …

Ein Experiment, eine fremde Welt und mitten drin eine ahnungslose junge Frau, die an ihrem Verstand zweifelt und von einem Abenteuer ins nächste gerät.

medimont